小丛书

女性与亲情文化

基于湘东南"讨鼓旗"的研究

张伟然　著

北京师范大学出版集团
BEIJING NORMAL UNIVERSITY PUBLISHING GROUP
北京师范大学出版社

张伟然

复旦大学中国历史地理研究所教授、中国地理学会理事，中国地理学会历史地理专业委员会副主任兼秘书长，西泠印社社员。主要从事历史文化地理及相关领域研究。著有《中古文学的地理意象》（上海市第十三届哲学社会科学优秀成果著作类一等奖，2016）《湖南历史文化地理研究》[第二届全国优秀地理图书（学术著作）奖，2017]等。

目录

前　言

一、历史地理学与历史人类学

大约是 1997 年春夏之交，学兄曹树基教授刚从华东化工学院(今华东理工大学)调回本所(复旦大学中国历史地理研究所)不久，还没有住到学校来，每天从上海西南山长水远地跑到所里来上班。中午无聊，便经常请我在政肃路上那一排小面馆里吃面，聊聊天，然后一起转到国权路上，去路口稍南的鹿鸣书店逛逛。有一天吃着聊着，他说我吹牛，竟然敢在博士论文《湖南历史文化地理研究》的内容提要中写"书中运用和借鉴了历史统计学、文化人类学的方法"。他很严肃地说："你书里做了那么些表格和数字，说用了历史统计学方法也就算了，你从头到尾没引用一本人类学著作，居然敢说用了文化人类学的方法——你懂什么文化人类学？"

我听了一愣，这是我第一次听他这样直截了当、"一剑封喉"地指教我。趁着一口面含在嘴里的时机，我思考了好几秒。等把面咽下去以后，才慢慢地试着回应。我说，学科交叉有不同层次。有些交叉是直接应用其他学科的公式、定理，这是交叉得最明显，但也是层次最低的。比较高级的交叉，不在于用人家某个具体公式，而是要从根本上借鉴人家的基本理念，用人家的逻辑思考问题。做区域历史文化地理这种学问，对于文化人类学的需求，最重要的是要解决文化是什么。

针对他拿别人的著作跟拙著对比，说要怎么怎么做才可以看到文化人类学的影子，我反问他，市面上那么多历史文化地理著作，这也是文化，那也是文化，您可曾见过以语言、宗教、风俗为主干搭起的框架？我这本书的框架搭成这样，正是从文化人类学那里来的。

树基兄做事很麻利。我话还没说完，他的面已经吃完了。我赶紧加快进度，随后出门左转，话题就此中断。

两年后的那个冬天，我完成一篇文章《讨鼓旗——以女性丧礼为中心的经济与法律问题》，照例发给他看——那些年，我、他还有同事张晓虹，我们有了文章都互相讨论，甚至有了想法，还没动手，就开始商量。我一直深深感激他们在我成长过程中给予我的帮助和刺激。现在回想，我写文章的技术正是在那几年里得以快速提高的。基本上，每次把文章发给他，第二天，顶多第三天反馈就回来了。但这一次，文章发过去后好几天没反应。我催他，他支吾，说，这文章特别，要认真看。过了约莫个把礼拜，他打电话给我，劈头就说：张伟然，从现在开始，我承认你懂人类学了。

原来，他一看到这篇文章，便觉得跟人类学有关，就把它转发给好友人类学家张乐天先生，要乐天先生帮他研判，这文章的作者懂不懂人类学。乐天先生看完后对他说，人类学里面有这种做法的。由此树基兄得出了他的上述结论。

听到树基兄转述乐天先生的话，我很兴奋，也非常感激。我在做博士论文期间开始接触文化人类学，论文选题是导师谭其骧先生建议的两湖（湖南、湖北）历史文化地理，并且时间要做通代的。这种区域性的研究，按照地理学习惯，也就是做综合地理。但当时，历史文化地理的研究刚兴起没几年，综合性的历史文化地理研究还缺乏可资参考的成功范例。就是说，到底哪些该研究，哪些不该研究，连这个基本的概念都没有。为了搭建一个研究框架，我伤了将近两年的脑筋。好几回拿着草拟的论文大纲去跟副导师周振鹤先生讨论，一直拿不定主意。周先生建议我说，可以看一些文化人类学方面的书。当时这方面的书也不多，图书馆只有一个架子上的两排。我把它们都翻了翻，找到些感觉，后来在做论文的过程中很受用。

1996年春节后不久，刚刚接任本所所长的葛剑雄先生筹办了一个纪念谭其骧先生85周年诞辰的国际学术研讨会。会上请到了刘志伟、陈春声两位先生。两位先生当时非常年轻，英气勃勃，无论讨论问题还是评析文章都一针见血，锐不可当。那是我第一次碰到这种风格的历史学者，觉得非常痛快。当时我做会务，正好事情不多，于是我就见缝插针地找他们聊天。最后一天会上组织在上海考察，我又黏在他们身边。那几天的接触对我后来的影响非常大。

在那之前，我当然听过他们的大名——树基兄跟我说的。他还教我说，他们俩，无论在哪里碰到，一定要揪住不放，使劲揍，"你打他们几拳，逼他们还手，你就走运了。给你一拳，你不被打死，你就厉害了。"这话在什么场合说的，已经不记得，但内容我记得真真的。

及至见到他们本人，真是闻名不如见面，见面胜似闻名——哪里用得着逼，一谈到学术，他们就两眼放光，话匣子打开，关都关不住。

那次他们让我了解到一个重要的概念：历史人类学。之前树基兄应该是跟我说起过，但我没留下印象。是那次跟刘、陈两位先生的接触，让我对这个概念形成了一些基本理解。我对他们说，先大伯父是当地有名的文礼生，知道很多乡下的礼节和家族传说。我还把寒族的一些不足为外人道的掌故复述给他们听，他们鼓励我说：我们去下面调查，就是想听这样的故事。类似的故事也曾听到过，往往要住好久才能听到。

那之后，我便找他们的文章读。那时候还没有进入网络时代，检索、查阅文献比现在麻烦很多。1997年夏，我表弟从复旦南区研究生宿舍去我家，途经国权路政肃路口，看到旧书店门口摆着一摞新到的旧书。他走上前一翻，里面有一个论文抽印本，标价五毛钱，他觉得我应该感兴趣，便买下来带给我。我拿到一看，喜不自禁——是志伟先生的《女性形象的重塑："姑嫂坟"及其传说》。没有出处，不知从哪本书里抽出来的。后来我问志伟先生，他也觉得很奇怪。他说此文当时就没发表过汉语版。但文本很完整，确实是抽印本无疑。

正好我和树基兄给研究生合开一门新课，课名现在已经忘记，大体是历史地理研究法之类。就是准备一些精读材料，师生共同讨论分析。可想而知，《女性形象的重塑："姑嫂坟"及其传说》正好用作课程的阅读材料。一同阅读的还有春声先生的《社神崇拜与社区地域关系：樟林三山国王的研究》，科大卫（David Faure）先生的《告别华南研究》等。

再后来，便是去参加华南研究的学术活动。从20世纪末开始，华南研究的学术活动非常红火。每年年终，大体在圣诞节前后，有一个会。而每年暑假，又有一个会。印象中，我第一次去参会好像是1999年，跟树基兄一道坐火车去的，两个人在卧铺车厢里聊了一路。进入 21 世纪以后，又接连去了好多年。

开华南研究的会，有两点令人印象深刻。其一是会上的气氛，特别热烈。无论老少，一上台都是真刀真枪地干，没有虚情假意的客套。我记得有一年一位境外学者本来大概想趁机到国内来游览一番，报了个关于江南的题目，结果报告完之后，上海去的一位学者一顿猛拳，打得报告人满脸羞惭，急忙收拾行李连夜回家去也。还有一次在闭幕式上，一位前辈感慨万端，说自己年纪大了，没有力气上台跟年轻人比试了，但喜欢看，所以坚持年年来。看到各路豪杰各擅胜场，可以见证学术的传承和发展，云云。那一刻，在场的人都很动容。

其二是会后的考察。那时候华南研究还没有流传"进村找庙、进庙找碑"的口诀，但是他们对考察那么重视，让我很震撼。我本科、硕士都是在地理系念的。地理系读书的特点，就是很重视野外。我读本科四年，实习的时间加起来差不多有一个学期。当然这些时间是随着课程的展开而分别设置的。分散实习，基本上在学校附近，主要利用周末；集中实习，大多去外地，如地质实习赴南京，地貌实习去庐山，水文实习去城陵矶，土壤、植物实习去衡山，每次十天左右。为此我们学这些课程的时候，每周上三十几节课是常事。

历史地理学也强调野外。历史地理脱胎于传统的沿革地理，在这个转型的过程中，第一代历史地理学家谭其骧、侯仁之、史念海三位先生都很注重应用地理学的研究手段，野外考察可谓其题中应有之义。历史地理学的野外考察，跟地理学的考察区别不大，重点在寻找地理变迁的环境证据，以与文献分析结果相印证。

参加华南研究的野外考察，是我第一次跟历史学家一起出野外。我还记得第一次是从珠海坐大巴回广州，志伟先生随车作讲解。前面两三个观察点，他主要讲地貌。什么时代，海水到什么位置，哪些地方有人类活动。稍后，他带我们看一些沙田，哪些沙田是什么时代长出来的，聚落怎么形成，宗族怎么进入、怎么扩大。最后，他带我们走到村庄里面，看一些祠堂和神庙。一路听他的讲解，我很有点恍惚，感觉这很像我在大学学"地图学"时做过的一个实习。老师给我们一张有等高线的素图，实地长宽各一千米，要求我们将每一个地块的形状在图面上画出来，按类别标以不同的颜色。志伟先生一路上对各种地块类型的刻画，很有这个味道。我的另一点感受是，这趟考察，与其说是历史，不如说是历史地理。一切都是从自然环境入手，然后由硬而软，一步步讲到社会文化。而这个环境，又是贴合具体时代的环境。如果说与历史地理有什么不同，那就是历史地理领域的类似研究，在当时还没有人能做到如此之精微。

不过，虽然我在华南研究的会场和田野中受到的刺激如此强烈，但那时我还不能想象，历史人类学对于历史地理研究究竟能产生何等影响。我只是朦胧地觉得，这是一种新的学术理念和研究技术，一定会有用。至于尝到甜头，用它来解决传统的历史地理学问题，已经到了2004年。

前已述及，历史地理是从传统的沿革地理脱胎而来的。沿革地理主要研究历代的疆域政区。过去所谓"治史四钥匙"——目录、年代、职官、地理，个中地理便是指沿革地理。其史学意义是为了解决史料中的历史地名，给治史带来一些必要的空间感。沿革地理转型为历史地理以后，研究内容当然扩大了很多，研究范式也颇有不同，但政区作为其他各专题研究的基础，这个地位并没有变。因为要将史料定位到具体空间，一定要通过历史地名。而在所有历史地名中，数量最多、变化最频繁的是历代政区名。可以说，历史政区是对史料进行定位的最重要的空间坐标。

沿革地理时代的政区研究，基本上以单个政区为单位，不太考虑同时并存的其他政区的状况。因此，那个时代编的历史地图集，只有朝代概念，没法精确到具体某年，往往把一些并非同时存在的政区拼合在同一幅地图上。1955 年谭其骧先生受命主持重编改绘杨守敬《历代舆地图》，后编成《中国历史地图集》，他提出须将图面上的政区设置精确到年，以反映历史上政区存在的实际情况，由此开创了历史政区研究中同时追求时、空两维序列，并将空间序列的精度推进到年的研究范式。

但谭先生的政区研究，主要目标是将历代政区按一两个标准年复原出一套时空序列，为历史政区地理研究搭起一个基本的框架，并建立新的精度标准。在此基础上，谭先生对历代政区演变的规律按幅员、层级等要素做了多方面总结，还有很多工作没来得及开展。

2002 年，我偶然得到几本家乡老同志的回忆录。其中一位爱好书法，我当年在县城工作时曾有过交往。一开始我没在意，以为无非是一些历经挫折矢志不渝的光辉经历，外加一些一身正气、两袖清风之类的老干体诗作。过了一年多，偶然翻阅，发现其中有件事与历史地理有关。作者提到，20世纪50年代衡山县南湾乡①曾要求改属安仁县，1957年底省里同意了。1958年春安仁派出工作组前往接收，当地人又反悔，将工作组成员用绳子绑起来，吊在祠堂的梁上毒打，打伤好几位。省里派人查处，开始将其定性为人民内部矛盾，处理较轻。安仁人不服，后来在省里开会时写大字报，这才引起省里重视，将其改定为"反革命事件"。

这件事给我非常大的震撼。政区划分，本来可以说是一个纯技术性的工作，怎么会成为一起"反革命事件"？我觉得这中间必有蹊跷。

南湾这个地名我很熟悉。小时候到安仁县城读书，同学们经常说一些附近的方言段子，其中一个便与南湾有关。因该地靠近本县西北角，与敝乡安平镇在县城的相反方向，一直没有机会去。2004年暑假，利用回乡的机会，我开展了一番调查。我先找到上述回忆录的作者，从他那里得知了当年工作组的成员。其中工作组组长还是我同学的父亲。从他们嘴里，我得知了当年坚决主张将南湾划到安仁来的村干部，以及坚决主张划回衡山的当地干部。顺藤摸瓜，挨个做了访谈。为此我还到南湾实地考察过两趟，中间穿插着将县、市、省里的相关档案查阅了一遍，于那年秋天写成一篇《归属、表达、调整：小尺度区域的政治命运——以"南湾事件"为例》②。

这篇文章简直有点"毁三观"。传统政区地理研究的种种认知，在这里几乎都用不上，完全就是个利益博弈。南湾离衡山远，离安仁近，当地群众、干部去衡山县城办事各种不便，于是要求划到安仁。上级决定以后，政策有点硬，把土地连同干部整块切了过来。那些来自衡山其他乡的乡干部不愿意来安仁，个人又回不去，于是就想把南湾重新划回衡山。他们给老百姓算经济账：划到安仁有哪些坏处，留在衡山有哪些好处。按照统购统销的价格，这一进一出确实有些差价。于是群众情绪被点燃，纷纷要求划回衡山。最后，发扬民主，各村表态。靠近安仁的三个农业社（村）坚决要求划到安仁，而其余13个农业社愿意回衡山。于是，那些乡干部如愿以偿，仍旧归衡山县领导，而南湾一个完整的地域则被剖成两爿。

按照以往政区地理的思维习惯，考虑政区归属，首先看自然区域，然后是经济、文化方面的理由。从地图上看，南湾整个乡的水都是流向安仁的。虽然它自古以来属衡山，但要划给安仁，确实有地理上的理由。1957年将其改隶安仁，批复文件上列举了"田土相连，同塘共水"等理由。到第二年事件平息之后，省民政厅牵头作出的处理意见仍列举了"田土相连，同塘共水，语言习惯相似"等理由，而所指却从之前的南湾全乡一变而为坚决要求划归安仁的三个农业社，并称其"与南湾其他13个农业社又有一条天然山岭为界"。

这种表述，令人啼笑皆非。如果不深入了解这背后的过程，光看文字材料，不定以为这些地理说辞多重要呢。焉知只是说辞而已。真正在其中起作用的是人，各式各样、各种立场的人。"南湾事件"中的当事人都说，事发之前、之中，对于后来的结果谁都没有预料到。包括主张划归安仁最力的村干部，他说当初提出这一动议，其实是希望衡山县重视一下，改善一下南湾一带的条件。

这一事件留存的文献资料不多，如果不借助历史人类学手段，不可能写得出来。我本人在开展调查之前，根本没想到中间有这么多曲折，也根本没想到文章会写成这样。文章写完后，我对历史政区的认识有了进一步深入。

我觉得我们之前的政区研究，都是就各种政治势力运作的结果加以分析或推论，从来没有深入政区设置的过程中加以考察。所以看起来那些政区都是客观的、自在的，可以进行科学的讨论。一旦深入政区的形成过程——主要表现为边界的重新划定，问题就复杂得多了。此时可以发现，政区绝对不是客观的、自在的，它在很大程度上其实是主观的。当事各方各有其主观，达成妥协，便成了我们看到的客观。从这一意义而言，我们所做的历史政治地理，其实"政治"得很不够。

还有一点，以往我们研究政区，正如谭先生所说，历代只讲秦以来，政区只讲县以上。秦汉时的情况，《汉书·百官公卿表上》谓："县大率方百里，其民稠则减，稀则旷。"据《汉书·地理志》，元始二年（公元2年）全国口数5 959万，郡级政区103个，县级政区1 587个，平均每郡57.86万口，每县3.76万口。清代以来人口飞速发展，发达地区县级单位的人口数量相当普遍地增长到了秦汉时郡级政区的口数规模，此时如果再像对秦汉一样，将县级政区作为一个点对待，显然不合时宜。毕竟政区研究须以人为本。因此我在文章中提了一个"小尺度区域"的概念。我觉得，这是历史地理研究未来焕发出勃勃生机的一个重要思维支点。

这篇文章虽然解决了一个具体问题，也提出了一些新的东西，但现在看来，毕竟只是一篇单独的论文而已。相比之下，作业更有规模、计划更宏伟、内容更综合的是中山大学几位同人的工作。

中山大学的历史地理学传统非常深厚。但是这中间有个变迁。20世纪，中大的历史地理学在地理系，先后有徐俊鸣、司徒尚纪等名家。进入21世纪以后，中大历史系先后引进吴滔、谢湜、于薇，新成立一个历史地理研究中心。他们在郴州市宜章县建了一个南岭工作站，很自然地就将历史地理学和历史人类学结合在一起。

最开始听到他们要建南岭工作站的消息时，我既振奋又不无担心。振奋的是，我觉得这个工作站开了一个很好的头。之前历史地理的工作，很少考虑下垫面的因素。例如研究政区，似乎所有政区的下垫面都是均质的，既不区分陆地和水域，也不考虑山地和平原的差异。他们在南岭建立工作站，显然是表明，就此要展开以地理条件本身为自变量的历史地理研究。较之前人，无疑是一个重大的思维观念上的突破。

可是我又不免担心，这个地方的研究恐怕难度会相当大，最主要的是缺材料。我做博士论文时曾涉及这一地区，知道这一带传世史料很少。至于民间文献留存的情况，南岭山地我虽然没有去实地调查过，不是很清楚，但我老家离那边不远，多年来我一直留心想从老家民间挖点史料，总是不能如愿。不要说没有日记、诗文、书信传世，民间就连字纸都很少。我感觉南岭那一带应该也差不多。较之江南、徽州、山西那种民间传统很重视文书的地方，简直有天壤之别。要在这种地方开展历史地理研究，难度可想而知。

现在看来，我的担心纯属多余。中大的同人们不仅在南岭挖出了史料，编纂出版了《广西恭城碑刻集》③《湖南江永碑刻集初编》④，还编辑出版了三辑《南岭历史地理研究》⑤辑刊，培养了以南岭山地为选题的历史地理博士学位论文，一派欣欣向荣的气象。

中大同人的工作自然用不着我多做介绍，反正他们的论著俱在，感兴趣的可自行去一探究竟。在此我只想说一句总体感受：如果不是借助历史人类学的途径，他们的工作绝对不可能做到如此水准。

应该说，到目前为止，历史人类学方法的运用，已经为历史地理提供了一条新的路径，打开了一片新的视野，在相当大程度上丰富了历史地理学的问题意识。在此仅举一例。上文曾讲到，历史地理研究对政区非常重视。但何谓政区，历史地理学过去其实是一直没有明确标准的。以至于有些区域，如历史上一些朝代设置的监察区，以及一些特殊职官所管辖的区域，算不算政区，这就很模糊。再具体到一些微观尺度上，某个地方究竟是化外之地，还是正式的王朝领土，过去历史地理学的做法往往是从官方典册中找标准，一旦到鲜活的具体情境中，缺乏官方典册作依据，就说不清楚了。有一次我跟于薇讨论这个问题，她脱口而出："政区不就是钱粮赋税吗？"——显而易见，于薇的这一认知，并非她个人的独特发现，是她跟同事一道跑田野，从社会经济史、历史人类学的学术传统中学到的一个基本概念。

过去历史地理学擅长宏大叙事。自20世纪50年代，历史地理学三大家侯仁之、谭其骧、史念海三位先生一致认为历史地理学是地理学的一部分，将地理学的思想资源用于历史地理学研究，这才切实推动沿革地理向历史地理学转变。我们叙述中国历史地理学的历史，总是从1934年顾颉刚先生和谭其骧先生在北平发起成立"禹贡学会"算起。但从学术内容考虑，历史地理具备一个学科的模样，其实要到50年代中期以后，主要是受到地理学思想资源的推动。它用的资料虽然主要是历史文献，但提问方式主要是地理学的。

传统的地理学研究，首先是揭示空间差异。对于历史地理来说，就是揭示不同时间层面的空间差异。在此基础上，再分析其动力机制。谭、侯、史三位，谭先生做历史政区地理、黄河变迁，侯先生做历史城市地理、历史沙漠变迁，史先生做历史经济地理、历史军事地理、历史农业地理、黄土高原等，都是气贯长虹的题目。他们带学生，一开始差不多是每人做一个断代的部门地理，如西汉人口地理、宋代农业地理；或者是一个中等尺度区域的通代研究，如海南岛历史上土地开发研究、四川农业地理之类。到后来，招的学生渐多，题目便逐渐缩小。往往是缩了时段又缩地域，总体上呈现出一个集约化、精耕细作的局面。但在相当长时间内，思考问题的空间尺度仍很少及于县级以下。

　　近年来，历史地理领域很重要的一个变化，是研究的空间尺度不断地朝县级以下发展。在这一过程中，研究技术、资料挖掘和整理手段不断刷新，传统的历史地理学技术手段便有所不足，而历史人类学恰好在微观尺度上提供了非常有效的帮助。

历史人类学可以提供的帮助大概有两个方面。一方面，可以从田野中挖出资料来，已见上述。另一方面，则是对史料的理解。过去从地理学的理路思考问题，对资料的整理方式是数据化。地理学非常强调数理统计，特别是在揭示空间差异的时候，统计、列表简直是一大法宝。历史地理学碰到的资料在相当多情况下难以直接转化成数据，但也着重注意挖掘其中的科学性、客观性，相对比较少注意其中包含的主观性。就是说，其中不太见得着人。

2008 年，我曾为黄国信教授的专著《区与界：清代湘粤赣界邻地区食盐专卖研究》⑥写过一篇书评⑦，其中写到历史人类学为历史学带来了什么。当时我的认知是，将人类学的理念引入历史学，把研究的思维弄柔软了。有了人类学的帮助，读史料、看问题时的观念就不会像以前那么硬，就会设身处地、将心比心，就会有现场感。我觉得这也正是历史人类学给历史地理学带来的帮助。具备了历史人类学的观念，碰到任何一条史料，哪怕是一些生硬冰冷的数字，都不会简单地认为那是纯粹出于客观的结果。史料的生产者、采集者、整理者，数字的统计者、汇总者、传抄者，制度的制定者、执行者、被执行者，等等，各种利益群体，各种相关个人，在里面活色生香起来。研究历史，研究历史地理，进到这个境界，距历史真实就靠近了一大步。

而且，到了这种境界，可用史料的范围也会扩大。不仅传世文献、地方文献、民间文献，就连田野中获知的生活经验、当事人的口述史料，也可以用作论证的手段。

应该承认，在历史人类学兴起之前，具备类似观念的历史学家并不是绝无。可以说，高明的历史学家都是按这个方式去做的。但同时也应该看到，能这样去做的历史学者毕竟是极少数。多数人习惯用全知视角，自认为"科学""客观"地讲历史故事。因此，历史人类学思潮的兴起，将其作为一套完整的科学理念提出来，并由此形成一套有效的研究手段，其积极意义是不言而喻的。

二、历史地理与女性研究

传统的历史地理研究，本来与女性研究是不搭边的。历史地理的各个分支，历史自然地理领域，诸如气候、沙漠、河湖水道、海岸线、动植物分布变迁，固然与性别不相干；历史人文地理各主要分支，政区地理、经济地理、城市地理甚至文化地理，可能主要受改革开放之前地理学界风气影响所致，研究中在意的基本上是物理空间，对于性别这种社会层面的问题关注不多。

当然，中国史籍中关于性别方面的资料颇为不少，而且其中不少包含地理意味。早期最引人注目的是《周礼·职方氏》，其中记载：扬州"民二男五女"，荆州"民一男二女"，豫州"民二男三女"，青州"民二男三女"，兖州"民二男三女"，雍州"其民三男二女"，幽州"民一男三女"，冀州"民五男三女"，并州"民二男三女"。⑧《周礼·职方氏》对于九州的描写，从各方面看，显然想象的成分居多。因而这些关于各地性别比的内容，就准确性而言，显然较为有限。可是作者为什么要记这些内容，它说明了什么问题，历来注意到这些资料的人颇为不少，但到目前为止，似乎尚未找到合理的解释。⑨

另一条著名的相关史料是《史记·货殖列传》所载的"江南卑湿，丈夫早夭"⑩。这条史料夹杂在一大段关于楚地风俗的描写中，引起人注意是因为还有一些可资印证的资料。例如，汉初贾谊被贬为长沙王太傅，"既辞往行，闻长沙卑湿，自以寿不得长"。到任之后，又"以适居长沙，长沙卑湿，自以为寿不得长，伤悼之"，于是特意写了一篇《鵩鸟赋》"以自广"⑪。从贾谊的事例看来，当时江南一带"丈夫早夭"的说法在社会上影响甚广。

表面看来，"丈夫早夭"说的是男性的事。可既然"早夭"的只是"丈夫"，正好说明当地女性都还正常。之后到唐代，张谓在《长沙风土碑铭序》中专门为此辩诬，写道："郡邻江湖，大抵卑湿，修短疵疠，未违天常。而云家有重腄之人，乡无颁白之老，谈者之过也。"⑫这一辩白虽然补充了一点信息，即中原人对于这一带的想象，其因由是地方疾病（"家有重腄之人"），但作者对其中的性别差异完全未加理会。

从上所举材料中可以看到，历史地理研究与性别相关的部分主要在历史文化地理方面。中国历史文化地理研究早在民国时期就相当兴旺，当时主要是探讨历史上各地文化发展水平之高低。由丁文江《历史人物与地理的关系》⑬一文发其端，手段主要是对历史上各地所出各种文化人物加以统计。1949 年以后，向苏联一边倒，中国地理学也采取了苏联地理学的模式，人文地理废而不讲，只讲自然地理和经济地理。受此影响，历史地理领域也着重发展历史自然地理和历史经济地理。改革开放以后，地理学内部人文地理学得到复兴，社会上也在20世纪80年代兴起一股"文化热"。受此两股思潮的影响，历史文化地理的研究勃然兴起。

重新兴起后的历史文化地理，首先想到的仍是接续30年前的做法，探讨各地文化发展水平的差异。因而在将近20年的时间里，有一大波对文化地理感兴趣的学者或业余爱好者，对于统计各种人物的籍贯分布乐此不疲。或将其称为学术文化地理，或将其称为人才地理，或将其称为教育地理，不一而足。但此时与文化地理思潮一同兴起的，还有其他与文化相关的学科。受到那些学科的刺激，特别是受到文化人类学的刺激，文化地理研究者便不满足于仅仅对人物籍贯加以统计，于是，在历史地理领域，探讨宗教、方言、风俗地域差异的研究蔚然兴起。

我从 1987 年开始读硕士研究生，招生简章上写的方向是历史人口地理。到 1989 年考虑硕士学位论文选题的时候，我在书店里翻到一本新书，看到周振鹤先生发表的《秦汉宗教地理略说》[⑭] 一文。当时我便想，他做秦汉，我为什么不可以做南北朝呢？秦汉时代只有本土宗教，南北朝时期就得做佛教。于是我的硕士论文便做了南北朝的佛教地理。[⑮]1990 年跟谭其骧先生读博，谭先生觉得，佛教地理当然也可以做，但对于历史文化地理这个领域来说，先做一些综合性的个案更重要，于是他建议我做两湖的历史文化地理。由于读博期间谭先生去世，对他关于区域历史文化地理的设想不得而知，1993年我将湖南部分单独撰写成文，通过了答辩。关于湖北的部分到毕业以后才慢慢地开始研究。

我在做湖南历史文化地理的时候，基本上没碰到女性的问题。由于我的主旨在于揭示湖南历史文化地理的区域差异，在这一层面，性别的影响并不重要。虽然在湖南历史上，关于性别的史料并不少见，如《岳阳风土记》记载："江西妇人皆习男事，采薪负重，往往力胜男子，设或不能则阴相诋诮。衣服之上以帛为带，交结胸前后，富者至用锦绣，其实便操作也，而自以为礼服。其事甚著。皆云：'武侯擒纵时所结，人畏其威，不敢辄去。'因以成俗。巴陵、江西华容之民犹间如此，鼎澧亦然。"又云："湖湘之民，生男往往多作赘，生女反招婿居，然男子为其妇家承门户，不惮劳苦，无复怨悔。"⑯可惜这样的史料在时间和空间两个维度上都不能构成可资比较的序列，难以展开系统的探讨。

湖北的情况则大不相同。此地历史上女性文化景观引人注目。时代较早的是所谓"江汉好游"，其分布以襄阳为中心，波及其以南的江汉平原。朱子在《诗集传》中写道："江汉之俗，其女好游，汉魏以后犹然。"⑰其后很多文人和地方志书在述及襄阳风俗时都会注意到这一点。我对此做了一番考察，发现顶着"江汉好游"名目的，其实是在很多地方相当常见的女性春游习俗。附丽了"游女弄珠"的传说，南朝时期江汉一带大堤夜会、采桑春游，以及唐代前期散发着商业气息的"大堤行乐"便艳声高张。到宋代以后，这一文化景观才渐趋消歇。

另一个地方是三峡。此地是古代四大美人之一王昭君的故里，在古代交通有点不便。唐宋之间，文人往来蜀中，多取道于此。非常有意思的是，那些途经此地的文人，不知是否受到"人杰地灵"观念的影响，觉得此地既然出过王昭君，现实生活中碰到"活昭君"应该是大概率事件。然而每次他们都无比失望。峡江女性非但没有王昭君那样的天生丽质，而且各方面都显得非常怪异。首先妆容就很奇特，如灼面成斑，头发梳成高髻。而最让人不能接受的是，当地地甲病（即地方性甲状腺肿）十分严重，十人九瘿。与此同时，她们承担着大量繁重的体力劳动，从江里负罂汲水，到山上背柴，就连干活都背着孩子。这样一种生活，无疑是沉重凄苦的，因而反映她们精神世界的《竹枝》歌也如泣如诉，"若有所深悲者"⑱。

我对这两地的女性文化景观都做了专篇探讨。⑲之后不久，又以随笔的形式，对近代以来盛传的"湘女多情"一说做了剖析，指出这一说法包含不少误解。所谓"湘女"，其实并非指湘省、湘江流域的女性，而是特指传说中的舜帝二妃娥皇、女英。舜帝南巡死于苍梧，葬于九疑山（一作九嶷山），二妃前来寻夫，殁于湘滨。为此，洞庭湖中君山上建有湘妃庙。自唐以降，该庙又被称作湘女庙，于是湘妃被称作湘女，受到文人墨客广泛讴歌。至于现实生活中的湖南女性，往往倔强，性格特征远较"多情"二字丰富。⑳

以上这些问题，都跟女性有关，但讨论的目的主要是分析区域整体的文化面貌，并没有将女性文化景观当作一个单独的问题提出。包括近年我在研究江南近世的佛教地理时，注意到在传统社会中，女性的活动空间极其有限，绝大多数人仅仅局限于娘家、夫家两点一线。

偏偏传统社会的婚姻距离半径一般只有几里地，是佛教的传入，为传统社会中的女性创造出了很多的社会空间。例如，烧香拜佛、朝山进香，既有求财、求子的"高大上"理由，同时也可以满足女性开阔视野、愉悦身心、扩大社会交往圈子的个性需求。这种情况在地势平坦、出行有舟楫之助的江南地区尤为常见。

到目前为止，应该承认，历史地理学领域对女性的研究是重视得很不够的。除了上述各例，与历史地理学相关的女性问题还多得很，尚未得到足够的开发。例如，与本书相关的内容，我就觉得足以展开全国性的深入探讨。

三、本书的缘起及基本构想

本书的写作十分偶然。上、下篇是我分别于1999年、2002年撰写的论文①，其缘起都与先母有关。

1998年仲春，先母艰难地走完了她的人生旅程。送她上山后，我的心情大半年不能平静，为此曾蓄发及肩以表寸心。虽然，在我成长的道路上，母亲的角色远不及父亲来得重要。甚至可以说，从小到大，她对我来说消极意义远大过积极意义。从懂事起，我便总结出一点：凡事不能听她的意见。可是，先父早在1983年就见背，撇下数十年不在愁中即在病中的先母，我不能不承担起为人子的责任。因此，即使在读研、读博的六年中，除了助学金、奖学金以及几篇论文的稿费，我并无其他经济来源，也没有停止过给她老人家每年出一点微薄的赡养费。我特别感激她顽强地活到我博士毕业，内心里一直认为这是我上辈子修来的福分。

1995年，我接先母到上海小住。为了给她解闷，得空时我便请她回忆一些往事。先母讲故事的能力很强，记忆力又好，几十年前的事，她总能讲得栩栩如在目前。她讲起她当年和先父的婚礼，从怎样跟先父见面、哪些人来说媒、媒人在两边说了些什么话，到我们张家给她下了些什么礼、每件礼品长得什么样，包括那头她形容长得"像豺狗一样"的过礼猪；从她们卢家怎样准备嫁妆，迎娶那天队伍的构成——包括每个人的装束以及队伍行走的次序，到轿子停下后怎样出轿子、跨门槛等种种细节，简直像纪录片的解说一样。听得我时常感慨不已：要是她有我这样受教育的机会，写文章一定比我强多了。可惜不幸生在那样一个时代，真是无可奈何。

她跟我把那些细节讲得那么清楚，其实有一个目的：让我明白她当初出嫁时的状况，以提防她百年之后的"讨鼓旗"。因为"讨鼓旗"的底线就是把嫁妆讨回去，我要是对她出嫁时的基本情况一无所知，一旦碰到相关的问题，难免被动。于是她前前后后给我反复讲述，包括每一件嫁妆的由来——哪些是张家来的，哪些是她自己做的，哪些是娘家打发。这件事压在她心里几十年，从我很小的时候她就多次对我说起。经常在方圆十儿里做文礼生的先大伯父也多次给我说过类似的故事。

小时候看先母那凝重的表情，我总以为这是一件多么不得了的事。最后一次听她讲起，我心里估算了一下，真是不足挂齿。于是心里便放松下来了。

从回家奔丧到先母出殡，我不知流了多少泪。特别是写堂祭文时，简直泪如泉涌，多次因视线模糊、情绪波动而不得不搁笔起立，绕室彷徨，直到哭痛快了再坐下来接着写。如是者数。堂祭那个深夜，听我诵读祭文，在场的亲戚、乡党都哭得一塌糊涂——此刻回想起那个场景，我仍忍不住泪眼婆娑。

那是老家一切传统风俗中最重要的仪式。数十年来，我观察到当地很多风俗习惯在变，唯有它，一直不变。

不用说，先母担心了数十年的"讨鼓旗"并没有出现。她娘家人对她的丧仪非常重视，请了一班当时还不多见的洋鼓洋号，一直把她送到了祖山上。我想，先母的心愿，应该满足了。

一年以后，我心情渐趋平静。我想，先母给我讲的那些故事，都是极好的学术素材，我得把它们贡献出来。于是我首先便撰写这篇关于"讨鼓旗"的文章。为此曾利用暑假回乡的机会做了一些社会调查，搜集到一些相关例证。从入秋写到入冬，过程很顺利。

这篇文章对我来说算一篇比较重要的文章。此前，我著文的范围主要不超出历史地理，资料都来自历史文献。而这篇文章，由于文献有限，问题由来及主干资料基本上来自生活经验。这是我第一次尝试将经历过的乡村生活当作学术资源。此其一。其二，正因为文章内容来自直接和间接的生活经验，问题展开带有浓厚的讲故事性质，在表述上我突破了以往那种枯燥死板的论文体，在提及相关人物时采用了熟悉的"先大伯父""先母"之类的称谓，发表时也未被删改，这一点让我大感欣慰。我一直认为，现在也越来越强烈地认为，做中国的学问，写中国的文章，真该有点中国传统的文人派头。有些东西就得让人读起来温馨而亲切。像我以前投给理科刊物的文章，每提到"某先生"或"某某师"，编辑就大笔一挥，直接把"先生""师"等字样帮我去掉，弄得好像我在直斥尊长名讳一样，这叫什么事？——在我小时候，平辈人谁敢当我面直呼我父母或祖父母的名字，那便是赤裸裸地向我宣战。而我若是敢直呼父执的大名，让先父听到绝对少不了一顿教训。

"讨鼓旗"的文章写完，我赴日本爱知大学做了一年访问研究。回来了却手头的工作后，我又写了本书的下篇。上篇的写作虽然也因先母而起，但其中不少内容我从小就耳濡目染，下篇则完全是听到先母讲述的故事大受刺激，随后做了一番调研而写成的。原本我希望能顺着这一思路再做一些相关研究，但是，近十余年来，我越想越觉得兹事体大，非集中数年时间展开专门研究不可；而以我目前的状况，近若干年的当务之急与这一方面较少联系，要腾出整块时间不知要等到猴年马月。与其遥遥无期地拖延，不如且把它作为一个阶段性成果出版，或许对学术界可以起到抛砖引玉的作用。

我之所以认为兹事体大，是考虑到本书所涉及的内容，并不止于简单的文化景观，而是牵涉社会结构、社会运作机制层面的问题。上篇"讨鼓旗"，表面看来是一种独特的风俗，但从中反映出来的是姑舅两家之间的关系，牵涉到亲情延续和断绝的基本规则，可以说是因女性而起、影响面覆盖全社会的一种人际交往规则。下篇讨论的入口是湘东南一带再婚女性对各类子女的态度，由此一步步展开，可以渐次观察到，这样一套做法有它内在的逻辑，有它独特的社会生态。文中指出，亲情并不是完全与生俱来的，它其实是一种社会的塑造。而具体塑造成什么形状，有赖于当地的社会结构。在湘东南一带，由于有宗族的存在，再婚女性对于后夫的前子必须宽容，至少不敢虐待，有很多甚至视同己出；而与此同时，对于其与前夫的子女则不敢偏袒，甚至不乏漠视乃至亲自加以虐待的例证。

与之适成对比，黄河中下游平原的情况异乎是。我小时候喜欢看小说，那个年代，部头较大的多是背景为北方农村的革命小说。从那些小说中，我深深地记住了后母虐待前子的一些谣谚，以及反映该主题的民歌《小白菜》。再加上西方童话故事《灰姑娘》中，也有后母宠爱亲生女儿，却虐待前妻所生的"灰姑娘"的情节，当时我真以为这是人同此心、心同此理，普天之下皆然的。到写作本书下篇时我才意识到，其实不然。人是社会化的动物，人的行为、情感方式必然要受到社会的规训。那些小说中反映的情形，只是黄河中下游的地方经验，并不是全国的。

当初写论文时，我查证过《小白菜》民歌的分布范围，主要是利用方志资料。此次修改，我做了更大范围的调研。除了方志，还着重利用了《中国民间歌曲集成》

的调查资料。结果当然较之前绵密许多。但为了保持叙述的均衡，我并没有将新近搜集到的资料撰成文章，而只是将其列为一表，作为本书的附录二。同时，我对全书内容都做了较大幅度的修订。上篇在探讨"鼓旗"的本字时，当初只想从安仁一带的方言中求解，未及注意它在古汉语中的状况。此次将视野打开，发现完全不必着眼于方言。这两个字的写法完全毋庸置疑。

需指出的是，既然亲情规则受到社会结构性因素制约，一种结构性因素就不可能只有一种表现，一定还有与此相伴生的其他风俗存在。这便是所谓文化生态。自然生态的表现是物质流、能量流，最直观的是食物链。文化生态的内在结构无疑也是一条关系链。

与继母前子关系相伴生的，还有姑嫂关系。我注意到，在民歌《小白菜》流行的地域，还相当普遍地流行着一些反映姑嫂矛盾的民歌。其中，在姑子出嫁前，内容是争嫁妆，如民国《迁安县志》所载：

大麦秸，小麦秸，那里住个花姐姐。十几咧？十五咧。再停二年该娶咧。妈呀妈呀陪我啥？大铜盆，小铜盆，陪我姑娘出了门。爹呀爹呀陪我啥？叫木匠，打柜箱，叫裁缝，做衣裳。哥哥、哥哥陪我啥？金镯子，翠坠子，尽心竭力陪妹子。嫂子嫂子陪我啥？破盆子，乱罐子，打发丫头嫁汉子。前门顶，后门插，永远不让臊丫头进我家。[22]

姑子出嫁后，则是吟唱出嫁女与娘家人的关系。民国《迁安县志》中也有一首：

蒲轮车，大马拉，咕咚咕咚到娘家。爹出来抱包袱，娘出来抱娃娃，哥哥出来抱匣子，嫂子出来一扭拉。"嫂子嫂子不用扭，不吃你家饭，不喝你家酒，剩下饭，你喂狗，剩下酒，你洗手。看看爹娘我就走。"

有咱爹，有咱娘，这条道儿来的长。没咱爹，没咱娘，这条道儿苦断了肠。送妹送到枣树桁，背着哥哥写一张。写咱爹，写咱娘，再写嫂子不贤良。

爸爸死了金棺材，娘死了银棺材，哥哥死了油漆板，嫂子死了包子卷。爸坟前烧金钱，娘坟前烧银钱，哥哥坟前烧钱纸，嫂子坟前抹狗屎。㉓

与《小白菜》相似，这些民歌的起兴各地颇有差异，如上述后一首在民国《平山县志料集》中作：

老柳树，开白花，三步两步到娘家。爹看见，接包袱；娘看见，抱娃娃；哥哥看见接匣匣；嫂嫂看见一扭架。嫂嫂嫂嫂你不用扭，前晌来了后晌走。㉔

也有些地方用外甥口吻吟唱，如民国《万全县志》所载：

> 豆芽菜盆盆里生，姥姥抱的亲外甥。老爷见了
> 哈哈笑，舅舅见了买饼饼，舅母见了把嘴抿。"不
> 用你抿，不用你扭，当日来了当日走。"

如此等等，不一而足。这些歌谣主题都相同，叙述套路也相似，反映出在这一地域的家庭关系中，嫂嫂作为外来者，对亲情网络的延伸具有强大的阻隔作用。试想，出嫁女若是父亲、母亲、哥哥去世，而嫂嫂还健在，她回娘家的路基本上也就断了。

按理讲，姑嫂关系与婆媳关系密切相关。很多姑嫂关系恶化，是因为婆婆区分对待媳妇和闺女，如河南确山民歌所唱：

> 花手绢，包胭脂，我是俺娘的亲闺女，我是俺

爹的亲宝贝，我是俺奶的亲孙女，我是俺哥的亲妹子，包胭绿，包胭红，我是俺嫂的眼中虫。[20]

歌中虽然未展开铺叙爹、娘、奶对主人公是何等的亲法，但这些长辈对其嫂不可能如此善待可以断言。因羡慕嫉妒而成恨，也就是情绪的自然发展。更有甚者，如民国《万全县志》所载：

豆芽菜，根里粗，婆婆打我为小姑。谁家没有儿和女，为甚亲你小闺女。[21]

这就对姑嫂关系恶化做了极好的注脚。

从人情方面讲，婆媳关系存在着结构性矛盾，要处理好着实不易。湘东南一带，婆媳关系处不好的可以说也比较常见。但这一带的姑嫂矛盾，显然远不如上述歌谣中所描述的那样厉害。我少小在乡邦从未听到过与上述主题类似的民歌或谣谚，地方文献、当代各种调查资料中也未见著录，可见这一带的姑嫂关系大体还算正常。即使有一些关系不好的，也还有所节制，没有发展到势如冰炭的程度。而且，就算姑嫂个人关系不好，相当多情况下，也有可能不会发展到影响两个家庭关系的程度。

所以然者何？当然也是受到了当地文化生态的制约。我个人理解，可以把湘东南一带传统社会的亲情伦理与黄河下游一带作为两种类型来对待。前者是以宗族作为社会结构骨架的，而后者没有。在宗族环境中，通过本书上篇可以看到，出嫁女的个人权益在相当多的情况下需要娘家人为其维护，因此，出嫁女一般不可能把与娘家的关系搞得很僵。相反，总会尽可能地对娘家人予以尊崇。道理很简单，娘家人有面子，出嫁女才有面子。娘家人好，出嫁女才有依靠。一般情况下，出嫁女总会维护娘家人——包括嫂嫂——的利益。即使出嫁前与嫂嫂关系不很融洽，很多人在出嫁后也会寻求和解。实在万不得已了，才会选择豁出去。

而在缺乏宗族支撑的黄河下游地区，亲情的构建似乎处在一种非常"任性"的状态。血缘的意义似乎大于一切，缺乏目光更长远的考虑。继母会虐待前子，婆婆在女儿与媳妇之间，宁愿偏袒出嫁女，也不善待已嫁入自家的媳妇。以湘东南传统社会的目光视之，简直难以理解。

由于本人缺乏在北方尤其是北方农村生活的经验，本书中对北方农村史料的解读可能未免有想象成分。但是各方面证据表明，亲情伦理规则在宗族环境和无宗族环境下迥然不同。希望有熟悉北方农村情况的朋友能就此做一些相关研究，以资比较。

而且，我相信，即使在宗族比较发达的地区，由于风俗不同，亲情伦理的构建也会有所不同。例如，刘志伟老师在《女性形象的重塑："姑嫂坟"及其传说》一文中提出，"历史上岭南地区的女性，无论在家庭还是社会生活中，都扮演着十分引人注目的角色"。有鉴于"在本地文化传统中，女性在社会生活中的角色，本来就与中原地区的女性不同"，他在调研中注意到，珠江三角洲地区的女儿在家庭中的地位很高：家庭的"财政大权总是控制在女儿手上，特别是有钱的自梳女"，与此相对应，"女儿对家庭负有特殊的责任"。由此他认为，女儿在家庭中的这种角色"与大家所熟悉的自梳女与不落家的风俗似乎有某种内在的联系"[②]。显而易见，这种文化生态中的亲情伦理，与上述湘东南、黄河中下游又有不同，应该属于另外一种类型。

上述这些内容，以往在历史地理学领域很少引起研究者的关注。这里面，客观原因是各地资料很不均衡，就连其空间分异状况都很不容易搞清楚，更不用说开展一些相关的讨论。本书只能就安仁的情况做一些个案分析，从理性上可以判断湘东南一带基本上如此。至于其具体的分布范围，从现有资料中很难得出清晰的结论。当然，主观原因是过去一直没有引起足够的注意。以往的历史文化地理研究，主要讨论方言、宗教、风俗、民俗；在民俗中，主要讨论比较"硬"的婚、丧、岁时、民居聚落等。这些内容判读方便，资料也相对系统。近年来，有些学者提出历史社会地理概念，由于还没有将注意力延伸至社会结构的层面，这些内容自然也就成为思维盲区。

我希望，本书的出版能引起学界对这一问题的关注。不管从什么学科切入，也不必贴什么标签，只要能将相关的讨论引向深入，我相信一定会出现一些新鲜的、有意思的结果。

还需稍加说明的是，当初我的写作计划中，曾打算写一篇湘东南一带传统时代嫁妆构成的文章。但还没有付诸实施，就看到了毛立平博士的《清代嫁妆研究》[②]一书。拜读该书后，我觉得有一些问题需要加以讨论，于是和内子合作写了一篇书评。⑧其中第一部分对传统时代嫁妆的构成概括出了一个计算公式。考虑到该公式与本书上篇内容高度相关，我重新组织了该文的第一部分，收入本书作为附录，希望得到读者的批评指正。

四、湘东南的历史地理背景

本书所谓湘东南，并不是一个严格意义上的地理单元，只是以其地处湖南东南部而言。实际上田野点主要在我的故乡安仁县，考虑到与之相邻的茶陵、炎陵诸县从自然条件到人文环境都高度近似，风俗类同性很强，故连类而及之。

湖南的地面结构，号称"三湘四水"。"三湘"所指，颇有争议。大体可解释为湖南主要河流湘江的三个河段，即上游因有潇水而称"潇湘"，中游在衡阳附近受纳蒸水而称"蒸湘"，下游在洞庭湖区与沅水汇合而称"沅湘"。至于"四水"，则非常明确，指湖南省境从东往西依次为湘、资、沅、澧四水流域。

湘江发源于湖南南部，自南往北大体呈南北走向。本书的研究范围为湘江中游右岸，其地在南岭以北、罗霄山脉西麓，地貌单元属于江南丘陵，为湘江支流洣水流域。洣水发源于炎陵，流经茶陵、攸县，至衡东汇入湘江。洣水最大支流永乐江，发源于资兴市，流经永兴、安仁、攸县，至衡东汇入洣水。安仁全境属永乐江流域。

这一带属亚热带季风性湿润气候，年降水1 400毫米左右。地势起伏较大，从低到高依次可分为山间盆地（平原）、岗地、丘陵、山地等类型。

考古发现表明，这一带很早就有人类活动。新石器遗址发现有多处，如安仁境内就有朝阳乡何古山、安平镇永乐江东岸、排山乡新丰村细肖古、牌楼乡神州村东阁湾四处。①汉代在洣水流域设置了不少县。《水经·洣水》记载："洣水出茶陵县上乡，西北过其县西，又西北过攸县南，又西北过阴山县南，又西北入于湘。"③这三个县都见于《汉书·地理志》，无疑都是汉县。所谓"茶陵"即后世之茶陵。

《水经·洣水》"阴山县"文下，郦道元注谓："县上有容水，自侯昙山下注洣水，谓之容口。"③《汉书·地理志》载长沙国有容陵县，历代舆地学者均认为该县在容水附近。《中国历史地图集》据《水经注》文意，将容陵定位于今攸县南部。但侯昙山为今安仁与耒阳之界山，安仁县境永乐江为洣水第一大支流，基于这一地理形势，周宏伟教授认为容陵县当在"今安仁县一带"，其治所在县境坪上乡一带。③又考虑到安仁县境有不少汉魏墓葬、遗址⑤，马孟龙也认为永乐江当即容水，汉代容陵县当在今安仁清溪一带。⑥这两位的说法虽有小异，但认为容水即今永乐江、汉容陵县在今安仁则相同，此说甚为有理。如此，汉代在洣水流域共设有四县。

三国吴太平二年（257年），"以长沙东部为湘东郡"㊲，治所在酃县（今衡阳市），辖有茶陵、阴山等七县。其辖区主要为洣水流域，仅置县稍有变化。汉代容陵不见于《三国志》，盖汉末被省并。这一局面在西晋至南朝得以继承。

隋代平陈，将湘东郡改置为衡州，对旧县大加并省。洣水流域全部并入湘潭县。唐代复置茶陵、攸县，仍属衡州不改。

五代时，后唐清泰二年（935年），割衡山县宜阳、熊耳二乡立安仁场。宋乾德二年（964年），升为安仁县，属衡州。㊳其治所位置，原来在熊耳乡，后周显德元年（954年），因"贼乱烧掠"，而"移向北五十里宜阳乡置"㊴。据地理形势推断，场址似当在今上半县中心安平镇。该地在明代曾置巡检司㊵，迄今民间仍称之为安平司。

南宋绍兴九年（1139年），升茶陵县为茶陵军，仍隶衡州。嘉定四年（1211年），析茶陵县之康乐、云阳、常平三乡置酃县。[41]这一带的设县格局就此稳定。元代升茶陵为州，直隶湖广行省；而安仁、酃县属衡州路。明清茶陵州属长沙府，而安仁、酃县属衡州府。

安仁以北的攸县，宋代改属潭州（治长沙）。元代升为攸州，属天临路（治长沙）。明清属长沙府。安仁以南的永兴、资兴，则一直隶属于以郴州为中心的中层政区。

就中层政区格局而言，从汉代到三国，此地是长沙郡（治今长沙）、桂阳郡（治今郴州）的交界之地。三国以后，这一带分属于以长沙、衡阳、郴州为中心的三个中层政区。

按照历史地理学通常的规律，中层政区对其辖区内的经济文化具有较强的同化作用。——也就是说，中层政区之外的交流互动相对会少一些。然而，湘东南一带，或许是地理条件相似、内部交通相对较便利之故，民间的经济文化交流一直很频繁，似乎并未受到中层政区的阻隔。

我少时生活在安仁上半县。自 1954 年以来，此地已改属郴州地区，安平司已开通往来郴州的班车。但由于与酃县一道同属衡州已历千年，镇上工匠颇多衡籍人士。而民间经济文化往来，与茶陵、酃县、永兴、耒阳、攸县的交流十分密切。寒族地处与茶陵毗邻之地，乡民逢场（赶集）经常去茶陵的界首，甚或去"茶陵州"（茶陵县城）。寒族祖山，颇多在茶陵地界。每年正月初一，早饭过后，先大伯父率合家男丁去祖山"挂地"（扫坟），一路上娓娓而谈祖上往事。此情此景，至今仍历历在目。

茶陵县城的洣水河中有一头镇水铁牛。我小时候经常听到一句谣谚，说这头铁牛头朝永兴，"吃永兴，过安仁，屙屎屙到茶陵"。意即它要吃草，永兴的禾苗会被它吃掉；而安仁在半当中，不好不坏；最后是肥了茶陵的田，所以茶陵最富足。20 世纪六七十年代，粮食匮乏，永兴那边经常有人到安仁、茶陵这边来买粮食。而安仁人要买谷米，也一般是往茶陵方向，不太会往永兴那边走。大家都觉得这就是那句俗谚的应验。

上述行政方面的建置表明，茶陵在湘东南一带特别重要。它是酃县的母县，事实上，它与安仁的关系也特别密切。明代设有茶陵卫，隶湖广都司。可以说，它是明代经营罗霄山脉以及南岭山地的重要据点。安仁境内，有不少茶陵卫地。嘉庆《安仁县志》卷二"沿革表"中"清代"一栏注明："康熙二十七年，裁茶陵卫地益之。"同卷"乡都"部分又称："康熙二十七年，裁卫归县，凡茶陵卫屯田之在安仁者，计归屯粮一千零一十石。嗣又奉文，将屯户之有民田者并归一处，共粮一千六百石零，与民一体充差，另编曰新安都。"⑫近出《安仁县志》认为，明代永乐十年(1412 年)曾将县境兴德乡之石脚、过家等地和熊耳乡之高石、濠下等地划归茶陵卫第四屯地，康熙二十七年(1688年)茶陵卫地裁撤，上述诸地复归安仁。④

现在安仁靠近茶陵的坪上、羊脑、关王、新洲等乡(镇)，方言语调与茶陵话近似，而与正宗的安仁话(上四里话、下四里话)区别较为明显，很可能与这种历史渊源深有关系。

明代茶陵设卫，显然接受了不少外来移民。嘉靖《茶陵州志》记载："音声之异，茶睦类永新，西表类安仁，城中多汉语。"④综合当时相关史料来看，所谓"汉语"当指官话。⑤就是说，明代的茶陵州城，曾出现一个官话方言岛。这一局面可能延续了相当长一段时间。晚清方志中仍称："音声之异，州东类永新，西类安仁，南北与城中多汉语。"④现在，茶陵县城的方言与四乡已无明显区别。

不仅方言，茶陵的风俗习惯也有一些特别。例如过小年，嘉庆《茶陵州志》记载当地"二十四夜祀灶神，称小年"，并自注曰"有用二十三夜者"。虽然同治《茶陵州志》仅言"二十四夜为小年"，但我自小听闻当地有一句谣谚："茶陵二十三，萝卜叮叮当；安仁二十四，萝卜切块子。"可见茶陵至少在当代仍有部分地方是在腊月二十三夜祭灶的。个中区别在于，二十三夜祭灶是北方的习俗，无疑是屯户从外地带来的，而二十四晚上祭灶则是南方本土的习俗。

这一带的居民，相当大一部分为江西移民后裔，从宋代开始大规模进入。《宋史·地理志》称荆湖南路"有袁、吉壤接者，其民往往迁徙自占，深耕溉种，率致富饶"[47]，指的正是这一带。移民史的研究表明，在湘赣边界的中段，来自江西的氏族占 60%～67%，来自广东的占 13%～20%，来自福建的占 8%～14%；而湘南一带，来自江西的只占 33%～41%，来自广东的占 27%～33%，来自福建的占 4%～8%，来自苏浙的占 3%～7%。[48]

正因为这一带江西移民后裔占比如此之重，所以这一带现在的方言以赣客语为主。语言学界的调研表明，茶陵、攸县、酃县一带属赣语吉茶片，其东部一个南北向的条带地域为客家话。而安仁、资兴、永兴、耒阳一带为赣语耒资片。⑭

在历史上，茶陵的文化特别发达。元代有李祁，元统元年(1333年)获得榜眼。其后裔李东阳，号西涯，为茶陵诗派主将，在明中叶操文柄40余年。近代以来，茶陵名人辈出。相形之下，安仁、酃县落后较多。在我少时，民间很多礼俗活动都要去茶陵请师傅，如文礼生、乐行之类。这一状况迄今无大改观。

这一带与江西也有相当密切的文化交流。20世纪80年代以前，经常有江西莲花等地的戏班子到茶陵、安仁一带巡演。90年代电视普及以后，这一形式的文化交流才慢慢地失去市场。但随着修谱、祭祖一干传统的复兴，各宗族往江西寻根的不绝如缕。毋庸赘言，此地与江西地缘既近，血缘又亲，各方面的联系显然是生生不息的。

注　释

① 1966 年由衡山县析出衡东县，南湾乡划入新置衡东县。

② 张伟然：《归属·表达·调整：小尺度区域的政治命运——以"南湾事件"为例》，见中国地理学会历史地理专业委员会《历史地理》编委会编：《历史地理》第 21 辑，172～193 页，上海，上海人民出版社，2006。

③ 刘志伟主编：《广西恭城碑刻集》，广州，广东人民出版社，2016。

④ 吴滔、于薇主编：《湖南江永碑刻集初编》，广州，广东人民出版社，2018。

⑤ 《南岭历史地理研究》由谢湜、吴滔、于薇主编，分别在 2016 年、2017 年、2019 年由广东人民出版社出版。

⑥ 黄国信：《区与界：清代湘粤赣界邻地区食盐专卖研究》，北京，生活·读书·新知三联书店，2006。

⑦ 张伟然：《大老表的现场感》，载《读书》，2008(3)。又见拙著《学问的敬意与温情》，204～214 页，北京，北京师范大学出版社，2018。

⑧ 《周礼注疏》卷三十三《夏官司马·职方氏》，见《十三经注疏》上册，861～863 页，上海，上海古籍出版社，1997。

⑨ 葛剑雄先生在其专著《中国人口发展史》中曾注意到这些数据。他认为："从现代人口统计的知识来判断，这样的性别比是无法接受的，在各方面条件相似的相邻政区间会有如此大的差别也是不可思议的。这一记载的真正价值在于，它多少反映了作者对当时(战国或更晚时期)各地男女的一种直觉印象，证明存在着性别比的不平衡，很多地方女性多于男性。"(299～300 页，福州，福建人民出版社，1991)葛先生的这一解读，完全基

于科学立场，当然深有道理。如果不把这些数据看作科学统计，而是视为一些社会文化观念的反映，那么它背后到底蕴含着什么意义，似乎尚有挖掘的余地。

⑩ （汉）司马迁：《史记》卷一百二十九，3268页，北京，中华书局，1959。

⑪ （汉）司马迁：《史记》卷八十四《屈原贾生列传》，2492、2496页，北京，中华书局，1959。

⑫ （清）董诰等：《全唐文》卷三百七十五，1685页，上海，上海古籍出版社，1990。

⑬ 丁文江：《历史人物与地理的关系》，载《科学》，第8卷，第1期，1923。

⑭ 周振鹤：《秦汉宗教地理略说》，见《中国文化研究集刊》第3辑，56～88页，上海，复旦大学出版社，1988。

⑮ 张伟然：《南北朝佛教地理的初步研究》（上、下），载《中国历史地理论丛》，1991(4)、1992(1)。

⑯ （宋）范致明：《岳阳风土记》，见《景印文渊阁四库全书》第589册，119页，台北，台湾商务印书馆，1986。

⑰ （宋）朱熹集注，赵长征点校：《诗集传》卷一《汉广》，8页，北京，中华书局，2011。

⑱ （清）王文浩辑注，孔凡礼点校：《苏轼诗集》卷一《竹枝歌引》，24页，北京，中华书局，1982。

⑲ 参见拙著《湖北历史文化地理研究》，武汉，湖北教育出版社，2000。

⑳ 参见拙著《湘江》，南京，江苏教育出版社，2010。

㉑ 上篇原题《讨鼓旗——以女性丧礼为中心的经济与法律问题》，2001年发表于网络平台《世纪中国》，揭载于《历史人类学学刊》，第1卷，第2期，2003。下篇原题《亲情的变迁及地域类型——以湘东南的再婚女性对子女为中心》，揭载于《历史地理》第20辑，339～352页，上海，上海人

民出版社，2004。

㉒ 见丁世良、赵放主编：《中国地方志民俗资料汇编·华北卷》，229页，北京，书目文献出版社，1989。

㉓ 同上书，229～230页。

㉔ 同上书，131页。

㉕ 同上书，211页。

㉖ 中国民间文学集成确山县卷编辑委员会编：《中国民间歌谣集成·河南确山县卷》，159页，内部资料，1990。

㉗ 见丁世良、赵放主编：《中国地方志民俗资料汇编·华北卷》，211页，北京，书目文献出版社，1989。

㉘ 刘志伟：《女性形象的重塑："姑嫂坟"及其传说》，见苑利主编：《二十世纪中国民俗学经典·传说故事卷》，357～378页，北京，社会科学文献出版社，2002。

㉙ 毛立平：《清代嫁妆研究》，北京，中国人民大学出版社，2007。

㉚ 张伟然、李世红：《社会史如何贴近社会——读〈清代嫁妆研究〉》，见南开大学中国社会史研究中心编：《中国社会历史评论》第10卷，415～425页，天津，天津古籍出版社，2009。后收入拙著《学问的敬意与温情》，225～247页，北京，北京师范大学出版社，2018。

㉛ 安仁县地方志编纂委员会编：《安仁县志》，2页，北京，中国社会出版社，1996。

㉜ (北魏)郦道元著，(清)王先谦校：《合校水经注》卷三十九，8～9页，光绪十八年长沙思贤精舍刻本。

㉝ 同上书，8页。

㉞ 周宏伟：《湖南政区沿革》，58、226页，长沙，湖南师范大学出版社，2009。

㉟ 《安仁县文物图》，见国家文物局主编：《中国文物地图集湖南分册》，94～95页，长沙，湖南地图出版社，1997。

㊱ 马孟龙：《西汉桂阳郡阳山侯国、阴山侯国考辨》，载《文史》，

2017(3)。

㊲ (晋)陈寿：《三国志》卷四十八《吴书三》，1153 页，北京，中华书局，1971。

㊳ (元)脱脱等：《宋史》卷八十八《地理志四》，2199 页，北京，中华书局，1985。

㊴ (宋)乐史：《太平寰宇记》卷一百一十五《江南西道十三·衡州》，2333 页，北京，中华书局，2007。

㊵ 置巡检司的时间，上引《安仁县志》之"大事记"系之于洪武三年(1370 年)，无据。查《明太祖实录》卷二百五十五"洪武三十年十月"有"置衡州府安仁县、长沙府安平县二巡检司"之记载(3685 页，上海，上海书店，1982 年影印台北"中央研究院"历史语言研究所校印本)，此文显有讹误。长沙府无安平县，而有安化县；《明史·地理志》安化县下并无巡检司之记载，而衡州府安仁县下称："南有安平、北有潭湖二巡检司。"颇疑《实录》原文仅言置衡州府安仁县二巡检司，其一在安平。

㊶ (元)脱脱等：《宋史》卷八十八《地理志四》，2199 页，北京，中华书局，1985。

㊷ 《中国地方志集成·湖南府县志辑》第 23 册，34、37 页，南京，江苏古籍出版社，2002。

㊸ 湖南省安仁县志编纂委员会编：《安仁县志》，9 页，北京，中国社会出版社，1996。

㊹ 嘉靖《茶陵州志》卷上《风俗第六》，见《天一阁藏明代方志选刊续编》第 63 册，871 页，上海，上海书店出版社，1990。嘉庆《茶陵州志》卷六完全承袭了这一描写。

㊺ 参见拙著《湖南历史文化地理研究》，66 页，上海，复旦大学出版社，1995。

㊻ 同治《茶陵州志》卷六《风俗》，见《中国地方志集成·湖南府县志辑》第 18 册，46 页，南京，江苏古籍出版社，2002。

㊼ (元)脱脱等：《宋史》卷八十八《地理志四》，2192 页，北京，中华

书局，1977。

㊽　曹树基：《湖南人由来新考》，见中国地理学会历史地理专业委员会《历史地理》编辑委员会编：《历史地理》第 9 辑，141～129 页，上海，上海人民出版社，1990。

㊾　中国社会科学院、澳大利亚人文科学院编绘：《中国语言地图集》，B11 图幅，香港，朗文出版(远东)有限公司，1987。

"讨鼓旗"
——以女性丧礼为中心的经济与法律问题

据我所知，湘东南安仁、茶陵、炎陵一带，存在着一种被称为"讨鼓旗"的习俗。每当妇人去世的时候，以死者兄弟或内侄为代表的娘家人有权在丧礼上得到一笔财礼。这笔财礼牵涉的问题本来很简单，主要就是娘家人吊孝之行的花费。但有时也会弄得非常复杂，甚至会将死者的嫁妆给要回去。这就涉及一些传统的财产观念，从中也可以展现当地迄今为止的湘东南妇女生活中许多鲜为人知的惯例。本书对此试加以分析。

一、何谓"鼓旗"

　　"讨鼓旗"习俗未见于任何文献记载，其确切的空间分布范围目前尚不清楚。我曾翻检上述几个县的方志①、民国时期的调查材料②，并尽力收集一些与当地有关的文献③，也查阅过相邻地区和其他地区的相关资料，都没有找到与此有关的只言片语。我感觉这一习俗在附近以及毗连的江西各县应该也是存在的④，未发现记载的原因，除了还须继续努力之外，更主要的可能还是这类事件过于微妙，不便言说。

既然缺乏直接的文献依据，"鼓旗"一词的来历便足以构成一个值得讨论的问题。这个词是我着重考虑先大伯父的说法⑤，并参考一些相关的历史文献而记下来的。也有人觉得当作"古器"。理由是：这一习俗的含义在于"讨样东西做个纪念"，既然是做纪念，当然要以能传代的东西比较好，所以这东西应当叫"古器"；或者说是"讨样东西作古器"的意思。⑥

我觉得这种解释于理不通。

如果说这一风俗的目的仅仅在于"做纪念"的话，何须要用"讨"这个名目？在这里，"讨"字意味着"求取""索要"，实际上暗含着一种权力关系。[7]再说，用作纪念的东西可以有很多，为什么单单要挑"古器"？人家的古器与娘家人何干，凭什么讨？事实上，在这一场合被当作礼品赠予娘家人的物件，无一例外都是新的，根本就不存在"古"之一说。由此可见，"古器"之说既无名义，又无事实支撑。

我认为这个词当作"鼓旗"，主要考虑到，我少时听到长辈谈论，无一例外都是说成"鼓旗"。在安仁话中，"古"与"鼓"同音；"器"（qì）与"旗"（jí）的韵母相同，但声母和声调有明显差别。近年的日常交谈中，确实偶尔有人将这个词说成"古器"，我认为这是说话人不知就里，以讹传讹的结果。可以说，我在1999年为写作本文而开展一些调查访问之前，从未听到过"讨古器"的说法。可以肯定，"古器"一说实属后起。

我认为，"鼓旗"一词来源于古汉语。在古汉语中，

"鼓旗"完全够得上是一个高频词。

早在先秦时期，"鼓旗"一词就颇为常见。《左传》中就有"师之耳目，在吾鼓旗，进退从之"⑧之语。此所谓"鼓旗"，指的是军队将官在指挥士兵统一行动时所用的鼓和旗帜。说明至迟在春秋时期，军事行动中就形成了用鼓和旗帜作为号令工具的技术。《淮南子》记载："夫论除谨，动静时，吏卒辨，兵甲治，正行伍，连什伯，明鼓旗，此尉之官也。"⑨由此可见，用鼓和旗帜指挥士兵在先秦已成为行伍列阵的通行做法。之后，《史记》中也多处提及"鼓旗"，如"高祖初起，祷丰枌榆社。徇沛，为沛公，则祠蚩尤，衅鼓旗"⑩；又如韩信"建大将之旗鼓，鼓行出井陉口，赵开壁击之，大战良久。于是信、张耳详弃鼓旗，走水上军。水上军开入之，复疾战。赵果空壁争汉鼓旗，逐韩信、张耳"⑪；再如"李敢以校尉从骠骑将军击胡左贤王，力战，夺左贤王鼓旗"⑫。从《史记》的这些记载可以看到，以鼓旗指挥行伍的做法不仅为中原军队所共享，还已经传播到匈奴。

应该说，行伍战阵通过鼓旗发号施令，自先秦以降，成为中国传统军事文化的一项重要内容。《唐子》一书有所谓"鼓旗者，将之耳目也"的说法，并留下"将勿离鼓旗"[13]的古训。这一含义的"鼓旗"一词，在古代使用非常普遍。历代史料连篇累牍，不胜枚举，如《宋史》所载："其诸路将官，掌统所隶禁旅，以行阵队伍、金鼓旗帜、弓矢击刺之法而教习训练之。"[14]不难看出，所谓"金鼓旗帜"正是"鼓旗"一词的展开说法。晚近有些地方甚至还以"鼓旗"作为地名，如："鼓旗山，在南靖县南，县之案山也。内山圆如鼓，外山展如旗，俗呼扳旗山。"[15]

正因为鼓旗有发号施令之用，所以古代官员在出行时也就将其当作仪仗的重要组成部分。范成大《寄题赣江亭》诗云："二水之会新作亭，主人文章子墨卿。我记斯亭且不朽，千载当与文俱鸣。题榜谁欤汉使者，风流好事饰儒雅。平生两君吾故人，安得系马亭阶下？鼓旗西征上奔泷，所思不见心难降。瞿塘纵有文鳞双，爱莫致之章贡江。"⑯诗中"鼓旗西征"一句，"鼓旗"一词有可能是写实，而更大的可能则是统指官员的仪仗。

范石湖诗中"鼓旗西征"的官员难辨文武，从"西征"一词或可理解为军事行为。事实上，文官仪仗同样如此。嘉靖《南康县志》记载："庆贺礼，凡遇圣诞正旦、冬至、千秋令节，知县率僚属先一日设龙亭仪仗，金鼓旗乐，各具朝服，于仙台观习仪。"⑰这完全是文官为主导的礼仪，其仪仗中也少不了鼓、旗。

既如此，古人行文中常以"鼓旗"作为仪仗、战阵的代名词，如清人吴文镕《观风濂溪、阳明二书院示》中所言："尔茂才等各浚词源，自呈花样，树鼓旗而角技，语避雷同；本雅颂以成章，音如风好。"⑱其"鼓旗"便是列战阵、摆仪仗之意。

上有所好，下必甚焉。古代民间很多礼仪都是比照官场礼仪依样画葫芦。既然官员仪仗中鼓旗非常重要，民间很多礼仪中自然也须用到鼓旗。例如，民国《嘉禾县图志》载当地礼仪："凡墓祭，率以春社、清明前后，金鼓、旗帜，整道上坟，谓之春挂。亦有行之于九、十月者，谓之冬挂。"[19]这条记载中，"金鼓、旗帜"也就是"鼓旗"，"整道"应该是陈设仪仗之意。

我认为，"讨鼓旗"的"鼓旗"，其本义正是指这样一套仪仗。

据我自小多次亲身经历及日常观察，安仁一带女性丧礼上娘家人去孝家吊唁是一切亲戚中最隆重、最正规的。不能空手自不用说，还须置办一套行头。礼品以酒馔香烛各色祭品为中心，当然还需鞭炮以及花圈、挽幛之类，用一或数个"杠"[20]抬着，队伍前面则须有一套仪仗。

这种仪仗由两部分构成。其一为旗，一般为两面，至少须有一面。其二为乐队。这种场合用乐通常有两种，一种俗称"大锣大钹"，即类似于过去官府鸣锣开道的那种锣、钹。平常由两人合奏，用于舞龙灯及丧葬祭祀之类的仪式。另一种俗称"小打"，须五至七人合奏，其中鼓一面，钹两副，锣两块（一中锣、一碗锣），喇叭一至二把，外加二胡一至二把。为节省人力，空闲乐手往往兼司其他乐器。这种"小打"可适用于红白各种场合。此外还有西洋管乐，俗称"洋鼓洋号"，其功用属于"小打"一类。通常请洋鼓洋号即可无须再请"小打"，但这两种与大锣大钹不冲突，往往叠加使用。

在吊孝的仪仗中，旗、大锣是必须的。但不用钹，而是用大锣一对，长三声、短四声地齐鸣，周而复始。"小打"和"洋鼓洋号"则不一定，视其消费高低。不过但凡过得去的人家，送别亲人，一辈子也就这么一次，一般都会尽量地讲究这个体面。要节省人力，只有将扛旗与鸣锣两项职司合而为一，即本来四个人的事，只用两人，每人肩扛旗而手鸣锣。于是也就有一些不很讲究的人家只鸣锣而不打旗，或者用白纸剪一个三角旗糊在竹竿上聊以为意。行进途中还须沿途放铳，旨在起警示作用，可以请也可以不请专门人手。

既然要陈设这样一套仪仗，"鼓旗"二字的含意也就昭然若揭：它的本义便是指这套行头。"鼓"指乐器，而"旗"指旗帜。这两者在实际生活中都有着落。

至于"讨鼓旗"所要讨的，当然不是"鼓旗"本身。"鼓旗"本身娘家人在出发前已经置办好了，此时关键是须有人为之补贴费用。正如乾隆《岳州府志》记载当地迎傩之俗时所言："主会日给同乡数百人饭食，执事认备神行金鼓旌旛之需"①，即这些仪仗行头归执事置办，而费用需别人"认备"。

安仁这一带对于舅公非常尊崇，俗语有"天上雷公，地上舅公"之谚。以舅公之尊，前来吊孝，盛设威严而来，是给死者、给孝子捧场的。既然如此，孝子为了表示对舅公的尊崇，只有将这笔费用出掉，才算是给舅公也捧了场。否则便是舅公给了外甥面子，而外甥没有给舅公面子。——在这个场合，如果舅公来不了，或不方便来，从而以表兄弟出面，礼遇完全一样。如果孝子不懂，或不依礼数，那么就会出现"讨"的问题。

二、"鼓旗"的内容

这一问题须结合丧礼的程序进行述论。

安仁一带的开堂祭奠活动，俗称"闹丧"。自1949年以来，亦称"开追悼会"。这一活动由"开堂"和"告祖"两个程序作为前奏。大意即禀告天地、列祖列宗，某家有某人新亡，兹定于某年某月某日开堂祭奠。之后的祭奠活动可分为客祭和家祭两部分。客祭，俗称"拜客"。"讨鼓旗"的时机便是在"拜客"正式开始之前。

之所以在这样一个时机，是由"拜客"的程序决定的。"拜客"不能不讲究次序，自然须从地位最高的舅公拜起。而作为亡者血脉所自的娘家人，绝不能像其他来宾一样，由"引礼生"（或称"文礼生"）点名就位，而须由孝子亲自到下处去请。

孝子请舅公就位"拜客"，俗称"七请八拜"。这是舅公一生中最威风、最能显示其尊严的时刻。孝子领头，合家孝眷全副孝装，由礼生引导，前面鸣锣（当然是大锣）开道，特别讲究的还辅以"小打"，鱼贯来到舅公的下处。群跪，鸣炮，礼生代为致辞；这便是"请"了。"请"，当然不能空着手，须将"鼓旗"奉上。孝子多人头顶茶盘②，茶盘中摆着一应礼物，每色分开摆；这些便是"鼓旗"。舅公将下跪孝子扶起，便算认可。如果不认可，就不会扶起，并提出要求。

照例请一次绝不能罢休。舅公将孝子扶起，礼生引导退将出去，然后再前趋，跪请。退的幅度，一般是退到房门外，然后再进去。请的次数，一般须三请。舅公如心下满意，三请之后，便接受礼物，出场易装③，就位祭奠。

"鼓旗"有钱有物，按其来由，大体包括两个部分。其一是娘家人的用度。其中，既包括"伕子"和"乐行"等所有执事的工钱，又包括置办祭品的开支。祭品中，挽幛之类非消耗品要璧还，因此一般只须考虑消耗性开支。原则上，娘家人因准备此行而产生的一切费用，均应得到"加倍"，即对于娘家人带来的祭品，孝家除璧还之外，再"回事"同样一份。如果想打折扣，得看娘家人同意不同意。

其二是给娘家人的礼品。这中间又包括两个部分。一是当场要派用场的。人家来"拜客"了，主人得为客人准备一块白布，拜客时戴在头上，用作"孝布"。拜完以后，让客人带走。过去条件艰苦，真是用白布。现在条件好了，一般改为白毛巾。每人一份。仁义好的人家，未到场的娘家人也会每人派送一份，让来人给带回去。二是送给娘家人的永久性纪念品，或者礼金。这一项原则上上不封顶，只要负担得起，多少随意；但是下有保底。

最常见的永久性纪念品，过去的传统做法是送一对铜锣。其含义已经有很多人讲不清楚了。我认为，这是因为舅公来的仪仗中有一对铜锣，孝家此时奉上铜锣一对，表示为舅公添置仪仗之意。之所以如此，是因为仪仗虽然花头很多，讲究的可以有"金鼓旗乐"，但最基本的，只需有人在前面鸣锣开道就行了。因此，送一对铜锣，表明舅公是有排场的人。这也就是给了舅公体面。上述"回事"娘家人，大体是参照原物而"加倍"，这对铜锣应该也是出于同样的思路。

"鼓旗"的结构如此，而形式为钱为物可以变通。一般地，"乐行"因为是纯雇佣关系，其工钱只能用现金，外加香烟。很多人家都是等送葬上山后，当场开红包。而其他的，抬杠、开锣的"伕子"往往属于邻里互助性质，在以前商品经济不太发达的年代，其工钱折算成肉的比较多。那时候准备肉比准备钱容易。"加倍"娘家人的祭品，无论来的时候有多少品种，一般是统一折算成肉。现在经济搞活了，也有人折算成价值相当的钱。这都是可以变通的。

最容易被变通的是那对铜锣。因为一般人拿着平常没用，于是它常常被改换成其他物品。过去有人把它换成铜香炉，可供初一、十五在神龛上发香之用。20世纪七八十年代，也有人把它换成铝水壶。这都是兼具纪念和实用双重价值的。唯一不能变通的是那块白布的颜色。因为当场就要用作"孝布"。现在它变得越来越高级、精致，但不可以变成其他颜色。

以上所言是风俗的常态，从中不容易看出"讨"的存在。要出现这样一个局面，有一个基本前提，那便是姑舅两家的关系平素比较融洽。凡是在这个范围内的，外甥自然懂得未雨绸缪，早在"回孝"（披麻戴孝往舅公家报凶讯）时便会主动找舅公请示、商量。此时舅公也会告知，届时将是怎样的一个去法。双方事先达成共识，各自做好安排，后来便只须如礼如仪。但如果两家不睦，或双方沟通欠佳，事先没有达成一致意见，到时候就会有点麻烦。这里面又可以分两种情况。

一种情况是"鼓旗"没有什么大问题，但孝子的某些作为让舅公不满。这时便不免趁对方跪在地下之机抖一抖舅公的威风，钱财非所计。像这种情况，舅公通常的做法是在孝子"七请八拜"时迟迟不扶他起来，而且让孝子多请几次。孝子跪下后当然只能一直跪着，同时双手还须举着盛有重物的茶盘。等跪得差不多了，舅公才开始发话，可以骂孝子一个狗血喷头。举凡对舅公不恭，待娘亲不孝，以及待人接物为人处世种种不妥之处，逐一数落。孝子俯首帖耳，不敢稍示不逊。这时也会有对"鼓旗"发表意见的，但不会提出太离谱的要求。待宣泄得差不多，事情也就算完了。

另一种情况则是舅公与孝子根本就没什么感情，以后也不打算再有什么来往，争执的焦点就在于钱财。这时候麻烦就有点大。严格地讲，只有当事情发展到这一步，才能被称作"讨鼓旗"。

三、何以要"讨"

上文已述，按当地礼俗，娘家人到孝家去吊唁是一切亲戚中最隆重的。既然如此，其开销也就特别大。这笔开销当然需要一个适当的资金来源，否则这个风俗就难以形成可持续的发展。试想，如果娘家人失去一个亲人还要赔进去一笔财物，就难免有意在"止损"的人只图简易，草草了事。而如果娘家这种垂直伦理关系的来得都不够体面，其他那些平行伦理关系的自然就更不会过于隆重。这是一切为人子者都不愿意看到的结果。因此，孝子一定首先要让死者的娘家人郑重其事。而要让娘家人郑重其事，首先须保障娘家人在经济上不受损失，甚或还有利可图。在这一往来中，孝子虽然在经济上有所花费，但实际上也获得回报，这个回报便是体面。人世间毕竟有比钱更重要的东西。上述风俗常情中"鼓旗"首先须覆盖娘家人的开销，可以成为这一思路的最好说明。

道理很简单，但实际操作却是个比较复杂的技术。我泱泱中华，礼仪之邦，自家嫁出去的人去世了，娘家人为了体面，当然须准备隆重的祭品，盛设仪仗。到了孝家，执事工钱、犒赏由孝家负责，自不必说，所有带来的东西都不能动，祭奠过后须原璧返还。否则，跟其他亲戚一样，东西随随便便就接了、用了，谈何对舅公的尊崇呢？

原物须返还，又要补偿其费用，过去传统的做法，还不好赤裸裸地钱来钱去，于是，用实物"加倍"便是一个既有面子又有里子的做法。来什么，原物返还之外，再贴一份同样的。挽幛之类因为可以再利用，算不上消耗品，可以不管。酒肉三牲，必须贴上一份同样的，或者至少是同等价值的。

但麻烦就在于用实物。重量是否相当，既不便当场验证，质量好坏也是个问题。这就给孝家留下了弹性很大的操作空间。心存厚道的，自然不会见利忘义。而感情本来就淡漠，甚或心存芥蒂的，难免怪相百出。有的是娘家人出手寒酸，却要求孝家"加倍"到一个偏高的水平。而有的则是娘家人马马虎虎，孝家也心不甘情不愿，胡乱"回事"一点，不到"加倍"的程度。于是双方就会产生争执。

我少时曾亲历过一例纠纷。一位老太太寿终正寝后，三个老表㉓整馔前往吊唁。因为平素关系不算很密切，事先大概没有多谈"鼓旗"的事。到"七请八拜"时，孝家献上"鼓旗"，仅白布若干、肉若干而已。白布是那种最基本的白布。铜锣没有，只有一把很小的铝水壶。总体上远远达不到普遍的水平。三个老表一看，心里一凉，于是双方就围绕"鼓旗"的数量争执起来。一直争到半夜才罢休。

事实上，不同人家算盘打法不同。仅仅是上述这种争执，有些人把它看作"讨鼓旗"，也有人觉得还不算"讨鼓旗"。因为以舅公之尊，为吊孝而产生了一些实际花费，孝家对它"加倍"一下，无论从哪个角度说都属于天经地义。而过去一些娘家人为了扩大其费用的盘子，会把此前的一些开销也给算进去。过去最常见的一个算法是把死者当初的嫁妆也算在内，要求孝家返还。

在很多人的概念中，这才是真正意义上的"讨鼓旗"。我自小听父老谈论的"讨鼓旗"，都属于这一类。

父老相传，上辈经常有人将死者出嫁时装嫁妆的桄子⑤挑回去。先大伯父曾经讲过两个茶陵的实例，时间都在清末或民国年间。一个是出嫁时曾经"打发"⑥田产，后来在丧礼上，娘家人将田契讨了回去。还有一例是在出嫁时曾打发"全套嫁奁"，即一整套家具，在丧礼上娘家人"讨鼓旗"，此时当然不可能再将原套嫁奁搬回去，

于是要求孝子将嫁奁折算成一笔银子花钱（即"袁大头"）。㉗

    1949 年以后，乡村社会的很多层面发生了翻天覆地的变化。在相当长一段时间内，这种把女性嫁妆包含在内的"讨鼓旗"事例已相当罕见。特别在 20 世纪六七十年代，丧礼一度被政治干预得非常简易。一些女性身后连追悼会都不让开，遑论"讨鼓旗"。但我少时，亲族中一位长辈去世，其娘家人来吊孝，也曾就"鼓旗"问题纠缠良久。中间也曾提出索还嫁妆，不过最终并未如愿。㉘20 世纪 80 年代以后，随着以家庭为单位的生产组织方式的再现，很多社会风俗都已恢复到接近以前小农经济时期的状态。作为各项人生礼俗中最重要的一项，丧礼被复兴得十分隆重，几乎可谓率由旧章。距今十余年前，仍有娘家人送别姑母之后，将姑母的旧椟子挑回娘家的情事发生。㉙

    这里面涉及一个重要的概念问题。按照一般理解，娘家人打发给出嫁女的嫁妆，属于法律意义上的"赠与"，其所有权应该归出嫁女。出嫁女身故后，这笔财产应当由其配偶及子女继承。无论如何，都与娘家兄弟及侄子无关。然而通过"讨鼓旗"的习俗，我们发现当地似乎存在这样一种观念：娘家人保留有在适当时机追讨这笔财产的权力。⑳

所谓"适当时机"只可能在女性的丧礼上。因为女性健在时，不可能讨；去世已被安葬后，讨不着。也就是说，这笔财产的所有权应该是不成问题的，涉及的只是它的继承权。

为证明女性对嫁妆享有所有权，首先不妨看一条外地的资料。有一份关于陕北寡妇再嫁习俗的研究，里面提到那里的寡妇"再嫁时只能带上自己嫁到夫家时的陪嫁"㉑。从这句话可以看到，女性的陪嫁在所有权问题上与夫家财产是可以分得很清楚的。它相当于女性的婚前财产，女性可以带着它改嫁。

类似情形同样也存在于湘东南一带。此地女儿出嫁的妆奁，必不可少的有一担桄子和一只皮箱[32]，这是用来盛放体己和细软的。出嫁之后，这里面就成为女性的私人空间。一般地，桄子和皮箱里面的东西可以看作女性的个人财产。在平常语境中，"桄子里面拿出来的东西"在很大程度上就等于"从娘家带来的东西"。只要愿意，女性可以不与任何人分享这上面的钥匙，包括其丈夫。[33]而如果出于某种原因与夫家脱离，女性有权将这些东西带走。并且，婚姻纠纷中将桄子挑走往往被看作双方恩断义绝的标志。

　　请看一个实例。20 世纪 40 年代，一个年轻媳妇在正月抱病回娘家拜年，不料回去后竟一病不起。她刚断气，娘家赶紧派人跑到夫家说："人病得不行了，快落气了，让我把桄子挑回去，给她妆死（妆点遗容）。"夫家信以为真，于是让来人把桄子挑了回去。[34]

　　从这个例子可以看到，女性的嫁妆在相当长时间里与夫家财产是处于隔离放置状态的。正因为如此，娘家来人才可能在女性本人并不当面的情况下一举将其嫁妆取走。

随着婚姻生活的持续，女性投入夫家的程度逐渐加深，这些嫁妆会逐步融入夫家的财产中。但其当初所具有的价值，在女性本人，在娘家、夫家乃至于在四邻的记忆中都是不可能淡忘的。

那么这里要讨论一个问题：娘家人为什么会有追讨这笔财产的权力？换句话说，他们的这种权力是来自他们所承担的义务，还是认为这笔财产本来就应该还给他们？

四、"讨"的权力

上文曾提到，在孝子行"七请八拜"之礼的时候，舅公是要发话的。发话的内容，如果平素没有龃龉，那就很简单，无外乎"勖哉勉之"之类。但要是双方有某种分歧，这时候舅公便不会客气。其中首要内容是考评孝子对死者的态度，从日常赡养到伺候汤药到临老送终，从言语到行动，算总账。最重要的当然是分析死因，因为其他还只关系到生活质量，而这却是一个生命权的问题。

我知道曾有这么一个实例：20世纪80年代中期，有一位长期患高血压的老太太因在禾场晒谷时突然摔倒，由此引发严重脑出血，并迅即丧命。在这一过程中，孝子觉得已无力回天，便没有送医院实施抢救。后来向娘家人"七请八拜"时，娘家人觉得，虽然无力回天，但未送死者往医院抢救，总归是孝子未尽人事之处，于是让孝子兄弟俩手托着装有"鼓旗"的茶盘在地下跪了很久很久，迟迟不扶他们起来。⑤

尽管受到疾病影响，上例中的老太太还是应该算"寿终正寝"——毕竟已到了那么大的年纪，所以罚孝子跪一场也就了事。如果碰上死于非命，如被谋杀或被逼杀的，事态便严重得多。

这里面又要分两种情况。如果死因与夫家无关，娘家人觉得夫家无须为此承担直接责任，那么他们得审核夫家是否履行了替死者讨还公道的义务。夫家若只是能力不足，便出手相助；而夫家若是无动于衷，那么追究其间接责任，督促并协助夫家为死者张目。当然，如果死因属另一种情况，完全是夫家造成的，那么这督促的问题就可以免去，而改由娘家人与夫家直接对垒。

当地有一个俗语叫"打人命"，说的是在纠纷中出了人命，不告官或虽经官断而未得公平，死者亲属组织一班人马，到事主家里去用"蛮法子"解决。这类事件里，但凡与女性有关，一般都有娘家人参与。很多情况下干脆就是由娘家人出面组织的。解决的结果，一般是逼迫事主签订城下之盟，赔偿一切经济损失并出钱为死者治办丧事。要是事主见势不妙，早已逃之夭夭，则砸碎其家当，发泄一番而去。最惨的是事主既赔了钱，又被砸碎家当，而且还饱受皮肉之苦。当然，如果事主强梁，且人多势众，那就免不了一场家族械斗。

由于这一习俗的存在，以往有些妇女仗着娘家族党枝繁叶茂，在纠纷中憋了一口气出不来便寻死觅活，以投水、上吊、服毒相威胁。一旦酿成事端，自有人替她扬眉吐气，即俗语所谓"虾公在生无血，死了满身红"。我少时里中曾有一位后生被亲戚请去参与"打人命"，并没有开打，只摔了一跤，后来也让事主赔了好几块钱医药费。⑥

以上所言都是到了人死之后才发生的，事实上往往不等人死，只要女性受到比较严重的欺负，娘家人就可以出面干预。

当地旧时有一种叫作"嫁生人妻"的习俗。如果丈夫嫌弃妻子，可以自行将妻子另嫁他人。这种女子因前夫健在，有别于"寡妇"，故谓之"生人妻"。为此旧时当地曾有一句俗谚道："女的嫌男的嫌尽死，男的嫌女的一张纸。"意即在传统的婚姻关系中，如果女人对男人不满意，非等男人过背不能解脱；而男人对女人不满，只须写一纸休书或另给一纸婚书就尽够了。

我得知"嫁生人妻"的习俗时，曾向长辈提出疑问：这样严重的情事发生，娘家人怎么会坐视不管？得到的回答是："这都是娘家没人的了。要是娘家有人，不可能嫁得掉。"⑪

的确，娘家有人与没人，女性所受的待遇不可能一样。"嫁生人妻"的现象如今当然已不可能再有，但类似原因所导致的结果在新的环境中仍会以不同的面貌出现。

在此可举 20 世纪 80 年代一实例以资说明。有一对小夫妻发生口角，妻子顽皮，威胁丈夫说要仰药自尽。她趁丈夫外出之机，捡来一个空农药瓶，意在戏弄。丈夫回家后看见空农药瓶，吓得不得了，抱着妻子便上医院洗胃。妻子不从，丈夫便将她捆绑起来，请人抬着跑。到了医院，妻子怕受洗胃的痛苦，慌忙说她并没有真喝农药，给丈夫看的只是个空瓶。丈夫不敢怠慢，一个劲儿地求医生说："请你们一定要给她洗，我花点钱不要紧。你们不知道，要是出了事我脱不得壳（脱不了干系）——她娘家的兄弟多得很呀！"医生以救人为天职，自然是宁肯相信家属说的，于是对那位妻子实施强行洗胃。由于不肯配合，在洗胃的过程中那位妻子的胃被仪器划破，正好住院治疗。住院期间，妻子每天咒骂她丈夫："就是搭帮这个背时鬼呀！——要不是他，我怎么会白白地吃这么多苦头！"⑧

这是一个令人忍俊不禁的事例。那位丈夫做出决策的理由无疑还有很多，如夫妻之间也许平素感情深厚，如果妻子真的死掉面临的经济及各方面的问题更多，等等；但他的话语的确也足以反映出当地一种惯例的存在，即娘家人往往被女性当作维护其自身权益的一种力量。随着生命步入老年，子女渐渐成家立业之后，女性对娘家势力的倚仗有可能减轻；但如果此时仍需要倚仗，那么其倚仗的程度有可能更甚。

我们可以注意到，当地很多家庭纠纷都是在舅公的干预下才得以解决的。很多人家兄弟分伙，要请舅公出面公断。因为其中一般都牵涉对母亲的赡养问题，不请舅公当面不行。而有些子女对老母的忤逆行为，也是在舅公甚至老表的制止下得以消弭的。

我所知有这么一个实例：有一位年事已高的老太，想置办一具寿材以备不测。但三个儿子都已分家，老二对娘亲素怀不满，觉得分伙时他最吃亏，于是趁机从中作梗。此事成为老太太的一块心病，只好请舅公出面解决。舅公年轻时是好汉一条，此时也已垂垂老矣，撂下话之后，老二竟然置之不理。舅公无奈，只好派两个身强力壮的老表出马。两个老表去姑妈家打了一转，不久，老二终于买了几斤猪肉到舅公家报告，说三兄弟已经把老母的寿材给办妥了。

这一事例在当地并非偶然。由于此类事件的大量存在，当地常有一些妇女对着不顺意的子女叫喊："等我喊起你舅公来再说！"这道符咒在大多数情况下都颇为灵验。

在旁人看来，上述各例中女性倚重娘家人的事实，也许仍可以解释为娘家人所具有的一种权力。但若站在娘家人和女性本人的立场，则这种权力很难说不是一种义务。设身处地地为娘家人着想，处理这类事情其实并不是一件愉快的事：费神费力不说，有时还可能遭受轻侮，得有本事镇得住场面。而如果缩着头不闻不问，又将面临各方面的压力。事态轻微的，热心人会问："你们家的人怎么这么好欺负？"事态严重的，则未免听到别处人笑骂："那个地方的人怎么这么没用？"话说到这份上，事情就不再是娘家一"家"的事了，有可能沿着地缘而进一步发展。为了面子，娘家人必须对此承担责任。

更何况不这样的话还可能导致姑舅两家心存芥蒂。

就女性本人而言，"讨鼓旗"这一习俗实在可谓双刃之剑。一方面，这一习俗对于忤逆子（当地俗称"黄眼珠"）有一定的震慑力，有利于维护女性的生命尊严。有些"黄眼珠"平常对舅公的话置若罔闻，到了该跪在舅公面前的时候却不敢再不毕恭毕敬。从这个意义上讲，"讨鼓旗"对女性未尝没有好处，它至少可以起到一种震慑的作用。然而另一方面，如果娘家人在女性指望他们的时候倚靠不着，只巴望到时候来"讨鼓旗"，这时就会出现另一种效果：给女性造成感情上的伤害。很多女性是把"鼓旗"当作对娘家人承担义务的一种回报的，以至于有些人家只要被认作"娘家"，就可以享受一份"鼓旗"的待遇，而不会被介意其是否为真正意义上的"娘家"。

也请看一个实例：20 世纪 80 年代，有一位老先生在丧偶之后重组了一个家庭。当时这种事例在乡村中比较罕见。老先生与前妻的娘家为三代姻亲，素来关系密切；续弦之后，多次带继室到前妻娘家走动。前妻娘家人通情达理，客礼相待，让继室大为感动。正好继室与自己的娘家人关系并不融洽，于是提出将前妻的娘家认作娘家，并预备一对铜锣作为其百年之后送给前妻娘家的"鼓旗"㊴。不数年，继室在一次车祸中不幸丧生。在丧礼上，前妻娘家人果然被当作继室娘家人参与"拜客"，所受礼遇并不下于同时也到场的真正的娘家人。㊵

这个例子也许有点特别。其特别之处在于老人与继室并未生养，做孝子的都是前妻所出。既然如此，前妻娘家人受到尊崇也就是情理中之事。对此我想提醒的是，送给前妻娘家的那对铜锣是死者亲自备下的，这个细节值得高度注意。死者与前妻娘家原非亲故，双方完全可以互不来往。她给前妻娘家预备铜锣，纯粹是看在前妻娘家曾给予她充分尊重的份上。那份尊重是她从自己的娘家那里没有得到过的。因而那份"鼓旗"完全可以解释为她对"娘家人"的一种回报。我觉得，这个例子比起那种本来没有娘家而认一个娘家的情形更具有说服力。那种情况最终也只有一个娘家，而这个例子中，娘家既有先天的，也有后天自我选择的。两相对比，后天认的"娘家"更能反映女性的感情倾向。

当然，这个例子中还有一点值得注意，那便是真正的娘家同样得到了一份"鼓旗"。在一般人看来，娘家是天生就该得到回报的。这份回报非干"义务"，无可"选择"，只与血脉和养育之恩有关。类似的观念在空间上分布十分广泛，以至于很多地方在过去还曾发育出以女儿回嫁舅家的风俗（俗称"还骨种"），并流行"舅家要，隔山叫"的谚语。在安仁一带，耳熟能详的一套说辞是："我家给个人嫁到你家，做了几十年事，养出一家人；现在人不在了，讨一点'鼓旗'总是应该的。"这套说辞确实有其自在的逻辑。但我并不认为这是"讨鼓旗"习俗的所有底蕴，因为从种种迹象来看，"讨鼓旗"的行为往往是受到制约的。

五、"讨"的制约

这一讨论须有一前提：行政干预导致的制约不在本文讨论之列。本文只关注风俗层面的问题：当娘家人在"讨鼓旗"的过程中提出比较过分的要求时，孝家能否拒绝？如果能，又如何拒绝？

能否拒绝的问题，我认为是毋庸置疑的。这一点从平时的一些话语中就可以看出来。常听到一些姑舅两家失和的口角，舅家有时会甩出一句狠语："明日他娭毑（母亲）过背的时候再说！"其含义很明显，到那个时候算总账。听到这种话，外甥或他母亲强项的，当即便会铁扫帚、石禾场地对上："怎么，他敢讨鼓旗吗？"这种口角当然一般不大会当面，在此也无须担忧乡村社会的信息传播渠道；从中可以觉察一个观念，即"讨鼓旗"确实是舅家享有的权利，但它有一定的限度。

真到了母亲过背，按照程序，孝子先要到舅公家去"回孝"。孝子孝孙披麻戴孝，去舅公家祖宗牌位前行大礼，等于向娘家列祖列宗表达感恩。同时，把祭奠、出殡的日程安排正式地告知舅公家。一般而言，双方会趁此时机将各种细节都谈好，包括娘家人撑起一个什么样的规模和排场，孝子的"鼓旗"之礼准备个什么尺寸，钱若干、物若干，等等，逐一敲定。

此后，便是舅公驾临孝家祭奠了。舅公若置若罔闻，根本不去吊孝，那就表明两家从此一拍两散，亲戚关系了结。但一般都会去，因为去是"做大人"，享受礼遇的，经济上各方面又不吃亏，而不去则会给世人留下话柄。

孝子对于舅公的到来，当然早已做了准备。按照事先的商量，提前采买置办。即使没商量好，也会估摸着准备一些"鼓旗"之礼。就算比较吝啬的人家，也不过是偏俭一点，不太会一毛不拔的。舅家见着"鼓旗"，如果按事先约定，做得比较到位，自然无话可说。要是临时又有新的想法，或者"鼓旗"不成样子，舅公就免不了要提要求。

些小的要求，好说。就怕舅公云山雾罩，漫天要价。此时有些娘家人为了渲染对孝家恩情深重、花费甚多，可能把当初曾打发死者嫁妆的事情提出来，要求把嫁妆给贴补回去。双方便不免就此展开一番舌战。

娘家人的进攻术，无非是逐一列举曾为死者付出多少花费。而孝子的防守战略，则是反其道而行之，尽力论证死者的嫁妆没多少，不值钱。总之，极尽抵赖之能事。除了众目睽睽有人见证的，其他一概不承认。到最后，大不了就是把当初挑来的栊子、皮箱，让娘家人给挑回去。

上文提及的晚清民国时期讨回田契、银子花钱的事例，那些东西都是昭彰在人耳目的事实，实在无法抵赖的。要是细软，显然没那么容易讨回去。

在此可以回应前面提出的一个问题：是否当地认为娘家人对于出嫁女的嫁妆本来就有收回的权力？要不然，人们怎么会以这笔财产作为"讨鼓旗"的底线？

对此，我觉得给予一个否定的答案比较符合实际。我们可以注意到，通常情况下，娘家人对于夫家享有这笔财产的继承权并不持异议。女性的丧礼上，绝大多数娘家人对此并不提出质疑。女性去世被安葬后，更是认可这笔财产被夫家享有的事实。因此我认为，尽管有些娘家人通过"讨鼓旗"的手段讨还了嫁妆，但这不应该影响我们对于嫁妆继承权归属的判断。

那么对于娘家人索回死者嫁妆的事实又如何解释？我认为，这不过是孝家忍让的结果。请注意上述的一个风俗细节：娘家人"拜客"是整个"开堂"祭奠活动中的第一项。就是说，"七请八拜"是女性丧礼上孝子必须跨越的一道关。这道关过不去，后面的一切程序都免谈。不可想象在娘家人尚未"拜客"的情况下这"开堂"还能进行下去。在这种情境下，孝子只有委曲求全，"退一步海阔天空"。要不然，整个过程多拖一天，就会造成多一些的损失。须知要弄起这么一个场面，堂上堂下走动的（执事）和坐着的（乐行、文礼）都是要开支的。

何以拿出来讨论的是死者的嫁妆？这里面，娘家人首先要师出有名，必得拣他们花过钱的说。没付出费用的，上不了台面。平常的人情往来，那是情来情往，没有什么好说的。只有吊孝的费用和当初的嫁妆，是两笔比较大的开销。这两趟，都是娘家人实打实有支出的。既然已到了恩断义绝的份上，这就是娘家人最后一次挽回损失的机会。正好此时处在优势地位，他们自然不会再讲客气。

如果娘家人不"拜客"，整个丧礼程序就会受阻。事情到了这一步，孝子肯定会权衡。息事宁人的，只好做出让步。如果不愿意让步，那就要看谁更能讲出自己的道理，把握事态发展的方向。

当然，如果孝家处在一个有利的位置，那就用不着与娘家人周旋。像上述那个死在娘家的年轻媳妇，夫家根本就不去理会，娘家人便只好自认倒霉，不仅要负责安埋费用，就连将她的嫁妆挑回去都不得不使用欺骗的手段。据说，事后夫家获悉来人挑桄子已在妻子身故之后，夫家感到非常后悔。丈夫本来自以为得计，不去闻问，以此躲赖为妻子治病及此后的一切责任，不想竟因此而让娘家把桄子给骗了回去，"失去一注小财"。——要是早一点得知，那位丈夫完全会把桄子藏起来。

这种事例不常有。更经常的情形是，场面就在孝家摆开，对峙中看谁更有力量，更有办法。

我少时亲历的那个案例中，三个老表见到"鼓旗"比较俭薄，根本就没有达到"加倍"的程度，当即提出异议。孝子自知所备"鼓旗"过于应付，于是答应加四斤肉。这与老表的期望仍差得远。于是老表们转而质问姑母的死因和日常起居。孝子逐一作答，滴水不漏。待老表们步步紧逼，想给孝子扣上"不孝"的罪名，孝子当即予以回敬。他说："你们的姑娘（姑妈）嫁到这个地方几十年，她年纪大，回娘家走不动；你们做侄子的，几十年来，逢年过节有谁到姑娘家里来看过一下？她有没有生过病，我们小辈待她如何，你们不知道，总瞒不过湾里世上（同村乡亲）吧？你们可以问问左邻右舍，湾里世上！"

稍后的争执中，老表们也提及当初娘家曾给姑母置办嫁妆。孝子回应："事情都过去几十年了，还好意思提当年的嫁妆？当年你们家什么境况你们不知道？你姑娘虽然不是来做童养媳，实际上跟做童养媳也差不多。就用一块青花布包了几件换洗衣衫，连担椽子都没有，还好意思说什么嫁妆？"

老表们本来想兴师问罪，没想到交锋几个回合，反被噎得哑口无言。年轻气盛的老三便开始耍横。他先是在房间里大声哭闹，而后跑到灵堂，以手掌猛抚棺木，口口声声哭他的姑妈。说她在那个地方吃了一辈子亏，受了一辈子罪，生了一屋子人，没享过福。进而谩骂那个地方不好，不仁义。孝子一直不动声色。灵堂里围观的邻里起先都静静地看热闹，听着双方争辩，心里同情孝子。到后来看到三老表竟然侮辱这个地方，他们都坐不住了，纷纷发声斥责。几个青壮男子还摩拳擦掌，提议跟三老表比试拳脚。

形势就此急转直下。二老表见势不妙，赶紧出来打圆场。一场争执就此结束，娘家人乖乖地接受孝家加码后的"鼓旗"，易装"拜客"。第二天灰溜溜地打道回府。

显而易见，在这场争执中娘家人铩羽而归，很大程度上是因为他们自身的失误。他们指责孝子本来就底气不足，又错误地判断形势，轻犯众怒。但由此我们也可以看到孝家在纠缠中经常采用的一种策略，那便是尽量地引导公众的介入并获取支持。这显然是其在争执中能够获胜的关键因素。正是有这种平衡力量的存在，我们可以看到双方争执的结果一般不可能太离谱。

当然，还有同样至关重要的一点，那便是孝家已做好双方不再来往的心理准备，否则便难免受到牵制。有一位老太太去世以后，娘家人在丧礼上对"鼓旗"不满，跟孝家谈不拢，当即发脾气回家，扔下所有东西不管。事后，孝家只好专门派人给送了回去。

我曾询问知情人："如果不送回去，娘家人能拿孝家怎么办?"得到的回答是："真要不送，他们能怎么样？只不过考虑到这边也有人嫁在那边，这条路将来还要通往。"这就没有办法，不能做得太绝，否则下一场较量处在有利位置的就难保是谁。

在此也无须为娘家人的这种冒险行为而过分担心。他们在做出离场决策时，心里早已计算过，风险为零。他们料定，孝家一定会把东西给他们送回去。要不然，他们即使撒，也会把行李带上。

六、余　论

　　"讨鼓旗"是传统乡村社会生活中形成的习俗。通过以上论述，我们可以觉察到其中存在这样一个逻辑：凡舅公与孝子关系较好的，"鼓旗"根本不需要讨，只有关系疏远或较差时讨的问题才可能出现。讨的结果，有可能比孝家初始拟定的"鼓旗"要丰厚一些，也有可能并无所获。这里面，决定"鼓旗"是否要讨的是亲情，而决定"鼓旗"能否讨着的是力量。

　　由此可以加深我们对中国传统乡村社会的某些认知。中国传统的乡村社会是一个人情社会而不是法律社会，早已成为许多人的共识。在"讨鼓旗"这个风俗里，我们可以看到传统乡村社会中亲情维系与断绝的基本形态。亲情是基于血缘而产生的，它往往只在直接的血缘关系中才得以维系。一旦血缘关系由直接转为间接，马上就会出现剧烈的"代际衰减"。当地有"上一代亲一代，下一代疏一代"的俗谚，正是这一事实的真实写照。

事实上，在传统社会中，往往血缘只须延伸一代，亲情的断绝便会很自然地发生。断绝一般出现在亲缘关系易代之际。有些人甚至不等隔代，早在直接血缘关系犹存时已不相闻问。

亲情的断绝过程充斥着冷漠、纠纷乃至较量。自然，还须有人为此付出代价。明乎此，我们庶几可以理解何以以前有很多人甘冒风险，在缔结婚姻时选择"亲上加亲"。

从经济角度而言，完全可以预见，"讨鼓旗"的习俗将逐渐走向衰亡。尽管体现人世温情的"鼓旗"之礼今后还将长期存在，但以讨还嫁妆为题目的"讨鼓旗"现象将越来越不再可能发生。

我们可以注意到，近数十年，"讨鼓旗"一词的感情色彩已在悄悄地发生变化。我少时，人们谈论起"讨鼓旗"，一般都将它看作娘家人享有的一项权力，一点儿都不觉得惊讶。现在，很多人都不觉得"讨鼓旗"是一件光彩之事。即便事实上因为"鼓旗"而产生一些分歧甚至争论，当事人也不愿意将其称为"讨鼓旗"。

上文提及十余年前仍有娘家人将新故姑母的椀子挑回家，据说一路上目击者议论纷纷。不少人问清缘由后当即询问："一担烂椀子，挑回去打鬼呀？"意思是挑回去也只能作垃圾处理，白白浪费力气。这种声音，反映了现在的一些基本认知。

我认为，支持上述判断的理由至少有四点。

其一，随着经济的发展，农村的物质生活条件已大为改善。以前的乡村生活物力维艰，老辈人都特别讲究俭德。以前的嫁妆以如今眼光看来大多不值几何，但在当时人眼中并非可弃之物。现在生活水平越来越高，近数十年尤可称日新月异。每经过一段时间的发展，人们的眼界就会提高一层。后之视今犹今之视昔，前一阶段的嫁妆在后人眼中将越来越不像以前那么重要。

其二，随着社会环境的变迁，女性的经济能力已大为增强。过去，乡村生活中的经济水平本来就很低，很多女性又受缠足陋习的影响，难以参与生产劳动，经济能力有限。嫁妆中虽然也有女性自己的劳动成果在内，但很大一部分仍来自整个家庭的支持。1949 年以后，女性与男性一样参与生产劳动，很多女性甚至力胜男子，嫁妆中女性自己劳动所得较之以往已大幅度提高。改革开放以来，未婚女子纷纷涌向城市、工厂打工挣钱，很多人不仅可以赚回自己的嫁妆，还可以为家庭做出贡献。多少年来尽管嫁妆的丰厚程度一直在逐波上涨，但娘家人已不会再像以往那样感到肉疼。

其三，自 20 世纪七八十年代以来，计划生育政策的实施，已使得亲子数量大幅度减少。近年虽然全面实行"二孩"政策，但亲子数与 20 世纪 70 年代以前仍不能相比，这在很大程度上有助于亲情趋于浓厚。过去由于盛行"多子多福"的观念，很多人家的亲子数目非常庞大。——尽管有研究表明中国历代户均人口一般都在五口左右，但传统乡村社会中亲子数量在七八个甚至更多的屡见不鲜。有些家庭即使亲子存活数不多，生育次数也并不少。几乎无节制的频繁生育，不仅造成巨大的经济负担，同时也使很多人的感情被打磨得十分粗糙。现在每个人的生育机会已比较有限，对生命和亲情看得比过去金贵很多。毫无疑问，这种趋势将有力地强化中国人传统的血浓于水的观念。

其四，也是最重要的，我们可以注意到，近几十年乡村的法治化建设已经取得很大进步。以安仁而言，不仅在县里有法院，一些乡镇也设有法庭。虽然在司法实践中还可能碰到这样那样的问题，但总体而言，人们的法治观念比以前强了很多。很多在传统社会中"官法远，蛮法近"的事，都慢慢地走上了法治化道路。就嫁妆而论，在现在的法律环境中，其物权已基本上失去了讨论的余地。

当然，如果把"鼓旗"看作传统社会生活中的一个组成部分，就此思考传统社会如何向现代社会转型，我的信心稍有下降。从上文中我们可以看到，传统社会是与现代社会迥然有别、有些地方甚至是格格不入的一种社会形态。它有一套自己的观念体系、运作机制。以往安仁流传着一句谣谚："男子（丈夫）看得起一家人看得起，家娘（丈夫之母）看得起一湾（村）人看得起。"说的是女性的社会地位需要得到夫家的认可。同时上文也表明，女性的地位至少有相当一部分来自娘家的撑腰打气。女性的尊严、权益每每到了关键时刻都需要娘家人出面维持。随着现代化进程不可抗拒而又无可逆转地日渐加深，有关女性权益的问题可能都由法律来解决吗？

路正长，但愿前面没有弯路。

注　释

①　包括嘉靖《衡州府志》、同治《安仁县志》，嘉靖《茶陵州志》、同治《茶陵州志》，同治《酃县志》，以及当代新编的《茶陵县志》(湖南省茶陵县地方志编纂委员会编，北京，中国文史出版社，1993)、《酃县志》(酃县志编纂委员会编，北京，中国社会出版社，1994)，前引《安仁县志》。

②　例如，曾继梧编：《湖南各县调查笔记》，长沙，和济印刷公司，1931年铅印本；前南京国民政府司法行政部，胡旭晟等点校：《民事习惯调查报告录》，北京，中国政法大学出版社，2000。

③　安仁历史上文人甚少，有文集存世者所见仅《欧阳厚均集》(方红姣校点，长沙，岳麓书社，2013)。茶陵历史上文人稍多，有文集行世者有李东阳、谭延闿等。炎陵历史上文人也较少，但民国时期颇有闻人，如何孟雄、唐纵均有著述行世。又，元代著名文人欧阳玄，浏阳人，也是江西移民后裔，所居与此地相去不远，其文集中所述乡土情形与这一带风俗颇多相同。我手头存有先大伯父道甫先生(1914—1985)遗留的一个手抄本，抄录了当地的一些吉喜应用文，作者不明，多为清末至民国时期所作。

④　这一带居民大多为江西移民后裔，方言也是赣客语，而非湘语。风俗与江西颇多共同之处。1949年以前，安仁很多氏族每逢大祭均遣人往江西祀祖。

⑤　先大伯父张道甫先生是方圆数十里知名的读书人，年轻时曾教过学，中年后经常受邀做红白喜庆的文礼生。他一贯秉承"读书须识字"的原则，对各种名物的用字非常考究。我自小无数次听他说到这个词，无一例外都是说成"鼓旗"。此外，先母也经常说起这一风俗，也从来都是说成"鼓旗"。

⑥　据李先生解释，1999年8月。李先生时年71岁，为退休干部，安仁人。

⑦　在安仁话中，"讨"东西的"讨"可以分为三种情形：第一种是"乞求"，如"讨米""讨吃"，被讨者对讨者没有义务，给与不给取决于对讨者是否同情、怜悯，可以拒绝；第二种是"请求"，如"讨"根火柴、"讨"根烟，

被讨者当然也可以拒绝，但讨者无须忍受怜悯，属帮忙性质；第三种是"索求"，如"讨钱""讨账"，被讨者对讨者有一种义务。"讨鼓旗"的"讨"属于第三种。

⑧ （晋）杜预注，（唐）孔颖达等正义：《春秋左传正义》卷二十五成公二年，见《十三经注疏》下册，1894 页，上海，上海古籍出版社，1997。

⑨ （汉）刘安著，顾迁译注：《淮南子》卷十五《兵略》，221 页，北京，中华书局，2009。

⑩ （汉）司马迁：《史记》卷二十八《封禅书》，1378 页，北京，中华书局，1959。

⑪ （汉）司马迁：《史记》卷九十二《淮阴侯列传》，2616 页，北京，中华书局，1959。

⑫ （汉）司马迁：《史记》卷一百零九《李将军列传》，2877 页，北京，中华书局，1959。

⑬ （宋）李昉等：《太平御览》卷三百三十八《兵部六十九》，1552 页，北京，中华书局，1960。

⑭ （元）脱脱等：《宋史》卷一百六十七《职官志七》，3979 页，北京，中华书局，1985。

⑮ （清）穆彰阿等：《大清一统志》卷三百二十九，见《景印文渊阁四库全书》第 481 册，601 页，台北，台湾商务印书馆，1986。

⑯ （宋）范成大著，富寿荪标校：《范石湖集》卷十五，198 页，上海，上海古籍出版社，2006。

⑰ 嘉靖《南康县志》卷四《礼制》，见《天一阁藏明代方志选刊续编》第 44 册，839～840 页，上海，上海书店出版社，1990。

⑱ 同治《赣州府志》卷七十三，1366 页，台北，成文出版社，1970。

⑲ 民国《嘉禾县图志》卷九《礼俗中》，6 页，1938 年刊本。

⑳ "杠"是当地专门用于陈列礼品的一种器具，以两人前后抬行，红白喜庆均可用。

㉑ 乾隆《岳州府志》卷十六《风俗》，7 页，乾隆十一年增修本。

㉒　"茶盘"是当地的一种木制方形盘，本为盛放茶点之用；送礼而以茶盘盛放，表示很正式、很恭敬。

㉓　在灵前致祭应该戴孝。安仁方言中，"孝"字较古老的白读音作"号"，"戴孝冠"读如"戴号冠"。客祭时一般人比较多，来宾着装不必像孝眷那样严格，一般只须主祭人全副孝装——戴孝冠、衣白、束草绳、执杖，其他陪祭人只须将"孝布"搭在肩上即可。当然，此事也关乎双方感情。心情特别虔诚的来宾，即使陪祭也会主动正式着装。而一些泛泛之交，即使主祭也可能只用一块白布搭在肩上权当示意。

㉔　表姊妹均可称"老表"。此处特指舅公家的表兄弟。

㉕　"桃子"是湘东南一带盛放女性嫁妆的木制容器，长×宽×高一般约90cm×60cm×65cm，搬运时挑着走。

㉖　在安仁话中，"打发"一词有三种含义：一是嫁女时的"打发"，指的是赠予嫁妆；二是人情中的"打发"，指的是向来访的客人赠送礼物；三是"打发"人去办事，即请人、安排人去办事。

㉗　具体数目我已经记不准，依稀是数十个。这个数目用发达地区的眼光来看不值多少，在此要提请注意的是，清末民国时期全国各地物价水平差距相当大。数十个银圆在当时的湘东南地区算一笔巨款了。

㉘　此事发生在1977年春末。

㉙　据家姊讲述，2006年。

㉚　目前为止，关于女性嫁妆的研究总体来说相当薄弱，全国各地嫁妆的继承权状况不甚明确。据毛立平《清代嫁妆研究》，奁田在清代嫁妆中比较特别，基本上在出嫁女身故后都要返还娘家，各地皆然（见该书第三章第二节，179～204页，北京，中国人民大学出版社，2007）。当然此事并不绝对。据光绪《桃源县志》卷二"上马家渡"条载，嘉庆年间"武生冯人龙捐田三十一亩为篙工工食"，后来"冯妻家以奁产构讼"，经"知县谭震断仍归渡"（见《中国地方志集成·湖南府县志辑》第80册，110页，南京，江苏古籍出版社，2002）。不知是否因该奁产已捐为公有，待考。

㉛　岳珑、秦燕：《宽容与辛酸——陕北寡妇再嫁习俗研究》，见李小

江等主编：《主流与边缘》，76页，北京，生活·读书·新知三联书店，1999。

㉜　所谓"皮箱"并非皮革做的箱子，它主要是指一种形制。多为自制木器，近年也有从商店购买化学材料制品的，真正的皮革货未之见。

㉝　别的家具当然也可以用来盛放东西，但至少在感觉上不如这里面安全，因为一般情况下家具属于夫家所置；而桄子和箱子则不同，这是从娘家带来的。直到现在，擅自打开女性的桄子或箱子仍被认为是一个严重事件，除非女性不愿意追究。

㉞　据先母讲述，1995年6月。

㉟　李女士讲述，1999年。

㊱　此事发生在20世纪70年代中后期。当时几块钱很值钱。

㊲　据先母讲述，1995年6月。后来还得到过他人的证实。

㊳　据侯医师讲述，1991年5月。

㊴　上文阐述"鼓旗"中的铜锣寓意为给娘家人添置排场，此事益发可证其说为有理。

㊵　此事发生在1996年12月。

后母心
——安仁一带再婚女性对子女的亲情及其变迁

一、问题的提出

小时候看小说，对多次见到的两句俗话留下了极为深刻的印象。一句合辙押韵："蝎子尾，黄蜂针，最毒不过后娘心。"另一句则颇具有统计意味："十个后娘九个狠。"连类而及，还记住了一首相关的民歌：

小白菜呀，地里黄呀。小小年岁，没了娘呀。

跟着爹爹，本不错呀。就怕爹爹，娶后娘呀。……

如今我已不复记得这些资料的具体出处，但当年幼小心灵中所受到的震撼仍时常萦怀。

后来看到这首歌的曲谱，非常悲怨凄婉，得知它还有另外一段词：

> 娶了后娘三年半呀，生个弟弟比我强呀。弟弟吃面我喝汤呀，端起碗来泪汪汪呀。

中间穿插着两句副歌："亲娘呀！亲娘呀！"[①]很遗憾，一直没有机会到这首歌的原生地去欣赏它的原汁原味。我想，通过听觉所获得的感受一定比从文字上得来的要强烈得多。

我很奇怪当初接触到上述谣谚时何以能产生那样深的共鸣，因为在现实生活中，我实在缺乏类似的经验。不用说我自己，一直只有一父一母，就连我周遭的同学、伙伴，印象中也不曾有过上引歌谣所吟唱的遭遇。引起我警觉的是1995年，那一年我接先母到上海小住，有较多的机会听她忆旧。她讲述的前辈往事中，竟然有再婚妇苛待亲生子女的例证——当然是与前夫所生子女。当时我没有深究，以为不过是小概率事件。后来陆续与其他长辈交谈，渐渐感觉到在我老家湖南安仁一带，这一感情倾向竟然是一个相当有普遍性的社会现象。而作为事情的另一面，当地的后母倒不像上述谣谚所描绘的那样面目狰狞，有不少人对丈夫的前妻子女视同己出。

由此我想到，在中国，亲情的取向应该是一个颇具地域性的问题。由于不同的地域其人文环境、社会运作条件有所不同，人与人之间的感情趋向也大有不同。这一问题迄今尚未引起相关研究者重视。

为了验证这一感觉，我查阅了一些地方志，以及20世纪70年代末至80年代初完成的《中国民间歌曲集成》等四套集成中的相关资料，发现上述民歌和谣谚曾相当广泛地存在于黄河中下游平原。北京通县（今通州）、顺义、昌平，天津宝坻，河北晋县（今晋州）、高邑、无极、万全、昌黎、卢龙、香河、霸县（今霸州）、完县（今顺平）、柏乡、丰宁、抚宁、沙河、滦平、平泉、隆化、承德、赞皇，河南密县（今新密）、滑县、汤阴、内黄、林县（今林州）、长葛、卢氏、确山、孟县（今孟州）、安阳、淮阳、禹县（今禹州），山东郓城、夏津等地的资料中，都有《小白菜》及类似民歌、相关谣谚的流行。②其歌名不一而足。起首大多数称"小白菜，地里黄"，也有称"小白菜，叶叶黄"（隆化），或"小白菜，满地黄"（林县）。也有些地方将"白菜"讹成"菠菜"，称"小菠菜，就地黄"（汤阴），或"菠菜根，就地黄"（孟县）。所谓"菠"显然是"白"的同音讹变。也有些地方唱作"秧秧菜，就地黄"（安阳），不知何义。而不少地方则根本不以白菜作起兴，或称"小孩子，脸子黄"（无极），或称"井里开花骨朵长"（高邑），或直接进入"三岁小孩没有娘，恐怕爹爹娶后娘"（霸县）。高邑、霸县、万全、确山的歌词中还出现了"孟良"这一名字，不知这一歌词是否如其他许多民歌一样，缘起于一个真实的故事。

江明惇先生在《汉族民歌概论》中，将《小白菜》标注为冀中民歌。③从上述资料来看，其分布实际上遍及黄河中下游。就行政区而论，尤以河北、河南两省最为密集。邻近的山西、陕西、湖北、安徽、江苏基本上没有分布，就连山东都比较少。东北地区偶有流传，并且还有用这一曲调改编的抗日歌曲。这应该与清后期"闯关东"的移民潮有关。当时有为数不少的黄河中下游人口迁居关外，应该是他们把这首民歌带了过去。

与此同时，上述地区的资料中还记录了一些相关的谣谚。例如，民国《昌黎县志》所载俗语有"可勒鱼，一裹针，最毒不过后娘心"，民国《香河县志》所录歌谣有"棉花钟，两头大，提起后娘谁不怕"④，等等。而此类资料在南方特别是湘东南一带的资料中却绝无踪影。回想起小时候读过的那些小说，都是那个年代仅有的，显然记忆中的那些话语其实不过是黄河中下游平原的地域传统，并非中国传统文化的全部。

随着历史推演到今天，我自小目击的现实已发生了不少沧桑变迁，较耳闻的史实更是早已时移世易。从中我体会到，百余年来家乡女性对不同类型子女的亲情经历了三个发展阶段：20 世纪 50 年代以前，再婚女性对亲生的前夫子女只承担有限责任，而对与自己无血缘关系的丈夫前妻子女则大多优待有加；50 年代以后，对亲生的前夫子女有所看重而对丈夫的前妻子女一如既往；80 年代中期以后，有走向另一个极端之势，在上述两类子女中女性很明显偏向前者。

隐藏在这背后的，是乡村女性生活能力、生活内容的巨大变迁，由此可以透析乡村社会生活变迁的一个重要层面。接下来就见闻所及试作展开，希望将来有其他地域的类似研究出现，以期收到参伍异同的效果。

二、慈母心：再婚女性与前夫子女

这一讨论须将视线定格于 1949 年以前。

首先请注意这样一个基本事实：安仁一带的居民是聚族而居的。新修《安仁县志》在叙述本县姓氏状况时称："境内姓氏繁杂，且有'聚族而居'的习尚。"⑤这一状况至迟应该自宋已然。因为当地氏族大多是在南宋以后自江西陆续迁徙而来。⑥寒族便是江西移民后裔。据族谱记载，开基祖在南宋中叶自江西永新移居本地。

按照儒家礼教，女性再婚当然是不受鼓励的，甚至可以说是被禁止的。然而就实际情况来看，改嫁的现象相当常见。这一点虽然难以用统计数字加以说明，但我所知的乡村上辈及上上辈女性中，再婚的事例颇有不少。寒家亲族中便屡见不鲜。而且，更值得注意的是，无论是身为读书人、被村民尊称为先生的先大伯父，还是目不识丁的姑伯婶母者流，人们在谈论有关事件时口吻神情均极为平常，丝毫没有词旨高抗、正大光明的道学气。

在这样一个聚族而居的社会环境，女性再婚又存在可能，改嫁女性如何对待与前夫所生子女势必成为严重问题。我们知道，宗族就其旨趣而言，对异姓血缘是持排斥态度的。我所见当地《洲头李七修族谱》移录其旧谱凡例中有一条便是：

> 招赘上舍，与随母带居，皆异姓也，不可以此乱宗，禁之。[7]

这条凡例在 1947 年六修族谱时已作为旧例而存在，可见其出现至迟在 1912 年该族宗谱五修之前。寒族在乾隆时阖族公立有《抚子议》，表面上虽承认异姓子有加入本族的可能：

> 吾族抚异姓承系者，已自昔有之，而支派则不容混，故列诸谱以附各房，立之图以垂厥系，既不绝人后，亦不乱吾宗。⑧

实际上仍不免另眼相看。这是就接纳方考虑。如果从嫁出方着眼，前夫子女自有其为本族传宗接代的义务。上引《洲头李七修族谱》所载其六修凡例有曰：

> 出继及随母嫁异姓者，书出抚而仍本姓者，勿绝其宗也。

甚至还特地注明：

> 本族妇人有带孕改嫁者，明系我族之血派，仍以正系一体相视。⑨

不言而喻，从宗族对血缘的认同感而言，这反映了当地一种观念的常态。我少时经常听到乡民谈论此类子女的归宗话题。不用说，被接纳与否是完全没有讨论余地的，要谈的只是一些具体细节。

既然如此，女性改嫁时一般的选择自然是只身上路，将前夫子女留在前夫家。如果托付有人，如李密在《陈情表》中所述有祖辈躬亲抚养，或有叔伯代任其劳，这自然无话可说。问题在如果前夫家无人行监护之责，这时候再婚女性恐怕需要三思而后行。

然而我在访谈中得到的概念是，但凡有一点办法可想，再婚女性都不愿带前夫子女往后夫家。

可资说明的有这么一个典型事例（例1）：1912年，一个男孩在十岁时不幸丧父。由于家境贫寒，母亲又只有二十多岁，无法守寡，于是改嫁。偏偏后夫家境况也不好，她便没有把小男孩带过去。小男孩并无期功强近之亲，既无叔伯，终鲜兄弟，不得已去投奔仅有的一位已出嫁的姑母。姑母家也很苦，小男孩在她那里做长工也似地熬了三年，觉得实在不是出路，于是跟着一位木匠师傅去当了徒弟。[10]

现在已不得而知，小男孩去投奔姑母经历了怎样的决策过程。不知是母亲在改嫁前与姑母磋商的结果，还是母亲毅然改嫁后小男孩孤苦伶仃，姑母把他叫去的，抑或小男孩自作主张问上门去的。无论哪一种可能，按现在一般的观念都难以想象。我曾与讲述者讨论，认为第一种可能性相对较大。虽说那位姑母是出嫁之女，而不是在家招赘（当地称"招郎"），严格说来对娘家并不负有继绝兴灭的义务，但现状就明摆着：如果她不承担对小男孩的监护之责，要么就得忍心看着小男孩流离失所，要么就得让小男孩的母亲为难。尽管她自己也很艰难，但是让小男孩流离失所无论如何都说不过去，毕竟是娘家的骨肉。于是她在自己的艰难和小男孩母亲的为难之间，选择了前者。

类似的情形毫无疑问并不鲜见。从上例中我感到，面对那个十岁男孩，生身母亲所表现的亲情，已不如一位出嫁的姑母。因为就那个母亲看来，对小男孩的监护显然已成为负担而不是权利——如果说"权利"有点悬瓠过高，那么至少应表述为"责任"或者"义务"。固然，世上不乏超义务的亲情，即通常所说的骨肉之情，然而我们在讲起骨肉之情时与之相连带的总还有一句"养育之恩"。当那个小男孩以及与他同命的小孩们茕茕孑立、形影相吊的时候，生身的母亲却弃他们而去。如果说那些母亲对他们还有亲情，那份亲情恐怕也是叫人看不见摸不着的。——人世间果真存在那样一种亲情吗？

也许有人会认为，后夫家境寒苦是那些母亲不愿带小孩同行的真正原因。可是我们不要忘记，上例中姑母的家境同样寒苦——很难说谁比谁更寒苦。我们看不出来对那个小男孩来说，跟着母亲比跟着姑母有什么不好，除了更容易享受到亲情。

况且，即便后夫家境况不错，也很难讲改嫁女性就愿意带着前夫子女过去。

　　我正好访知了这样一个事例(例2)：侯女士两岁时丧母，其时在 1932 年。父亲很快便续弦。继母也是二婚，在前夫家生有二女，较小的已在十岁左右。那两个女儿既无叔伯，也无姑母，但母亲并没有带她们改嫁。她把小孩托给她妹妹，那个妹妹在庵子里吃斋。两个女儿很想到母亲这边走动，而母亲却总是不准，来了就打。直到她们嫁人后，才开始做亲戚互相通往。⑪

　　这一事例与上例应该说基本上同时。两例中前夫的家境大体相同，而后夫家境况颇为悬殊。例 2 中后夫的长子不数年长大，耕种之余开染坊做生意，家赀在当地差称丰饶，还供养次子出外求学。然而两例中前夫子女的遭际却并无二致。所不同的只是例 1 中小男孩投靠姑母，而例 2 中两个小女孩跟着姨妈。——叨天之幸，那两个小女孩总算还有个姨妈，并且姨妈是个吃斋的，本身没有家累。要是不幸连这样一个姨妈也没有，这一故事将如何书写恐怕只有彼苍苍者知道。

上述两例有一共同之处，其影响无疑是至关重要的：前夫子女都已十来岁，生活基本上可以自理。若还在襁褓中，女性改嫁时不带过去恐怕不行。个中理由不言自明。我自小就注意到，女性改嫁时前夫子女的岁数越小，随母同行的可能性便越大。

按说，这类小孩的处境应该不会太差，因为至少还能享受到母爱。可是不然。

上文提及先母讲述的一段故事在这里正好可以说明问题(例3)。19世纪末，有个一岁多的男孩不幸丧父。当时他母亲青春年少，本来立志守寡抚孤，无奈其美貌出众，名声远播。数里外的一个财主对她非常爱慕，天天骑着当地罕见的高头大马从她家门口疾驰而过。她不为所动，远避到十余里外的姨妈家，躲在楼上纺花绩线，以图养家糊口。财主多方打听，数月后得知其所在，买通族人，将她哄骗下楼。待她下楼，一把捉住，用带子绑好塞入花轿，就此强娶成亲。小男孩叔伯、姑母俱无，不得已去随母做寄子。做寄子的生活无异于长工，所不同的只是无工钱可找。到后来其勤苦感动了寄父，觉得如此劳作，定当自立门户，于是不再打骂，视同己出，临终时央求他为其掌家。寄父还特地叮嘱他母亲，将来男孩归宗，一定要好生给他安置。

适成对比的倒是那个母亲。她被捆绑着塞进花轿，一路上高喊着"我不要再嫁!"，但被抬到财主家之后，既来则安，对同来的小男孩却百般歧视。她与后夫又生下两个儿子。那两位口衔金汤匙出生，从小少爷做派。父亲去世后，好吃懒做，赌钱打牌。每当他们赌场失意，老母亲便找做寄子的发泄，以至于左邻右舍都看不过眼，而母亲的心肠始终不改。

直到有一年年关——寄子早已娶妻生子——大少爷一夜之间将一仓谷输掉，老太太竟诬陷是寄子所为，恶毒詈骂。寄子不承认，老太太便跪在他门边焚香喊天——这是当地最决绝的诅咒方式。做寄子的忍无可忍，决意结束二十六年的寄子生涯。临行前老太太什么都不肯打发，说她什么都没有了，都让两个小的输光了。村里两个老人不信，从她口袋里掏出一张三亩田的大水田契⑫，做寄子的也就带着那张大水田契回了老家。

这是一个匪夷所思的事例。我在初次听闻时非但惊讶万分，抑且百思不得其解。然而，一旦与同类事件联系起来，并放到当时的社会环境中加以考察，我们就可以找到一条清晰的逻辑理路。这一切的一切都是必然的。

那个寄父应该说很不错，他起先对寄子心存歧视，不过是人之常情。到后来看到寄子品性不错，从而改变态度，已属于很难得。而那个母亲起先虽有意抚孤，可是面临改嫁已然的现实，自不免遵循当时世人对待前夫子女的常例。显然，用当时的眼光看来，她将前夫之子带在身边，使他长大成人并免于更坏的结果，已算是仁至义尽。如果说他还想得到更多，那只能说人心不知足，不明白自己的生辰八字。

的确，从生存的角度考虑，做寄子比前述两例中的前夫子女要幸运许多。从经济上看，尽管他在寄父家艰辛备尝，但也不能认为受到了亏待。毕竟他一个婴孩过去，在那里长大成人、结婚生子，回来时还带回一张三亩田的大水田契。可有一点他们是共同的，那便是都失去了母亲的亲情。

也许有人对这一点不能同意。我在此要说明的是，先母的讲述中包含了不少当事人本人的感受。那份感受是旁人无法替代的。并且与前两例尤有不同的是，如果前夫子女与下堂母不在一起，对亲情可能本不存非分之想。而寄子与母亲朝夕相处，眼见得她对后夫之子娇宠溺爱，却不得不忍受她一贯的歧视和发泄。同样是亲生子，这种心理伤害是前一种情况下不太感受得到的。

正因为做寄子的命运如此，有些小孩在爹死娘嫁的悲惨命运降临时，根本不愿意随母同行去寄人篱下。

在此不妨引用一个近年的事例（例4）：有一个三代四口之家在突发事件中失去了户主，只余寡母、妻子和年仅十三岁的女儿。老母觉得儿子已经不在了，总不能指望儿媳替她养老，于是找了个老头嫁了。儿媳妇眼看家娘那么大年纪都守不住，自己正当盛年，此时不嫁，更待何时？于是也找了一个人嫁了。剩下孤单单一个女孩，她哪儿也不肯去。到过年时母亲、祖母、姑母都来叫她，她只一个人默默地坐在自己屋里。乡亲们为之唏嘘不已。[13]

这一事例虽然是近年发生的，但我认为在此似乎更有助于说明问题。如果在1949年前，这么大的孩子叫她去跟着母亲改嫁很难讲是出于真诚的关心，上述例1、例2都是活生生的反例。现在不同了，本文开头已提示，女性改嫁后前夫子女在后夫家寄居的待遇已大有改善。然而正是在境遇大有改善之后的今天，仍有小孩视之为畏途。可想而知在改善以前，随母寄居对孩子们究竟意味着什么。

三、后母心：对丈夫前妻子女

现在来讨论与上节内容相对的一面。一般而言，再婚女性往往须同时扮演后母的角色，面对着并无血缘关系的丈夫前妻子女，她们会表现如何？

一提起后母，相信在很多人的脑海中都会浮现出一个青面獠牙的恶妇人形象，无论其真相是否如此。也难怪，陡然间和一个甚至多个素昧平生的小孩生活在一起，彼此在情感、物质生活各方面又可能存在竞争的关系，要在相互间建立起信任，将竞争转化为共享关系，平心而论，这不是一件轻而易举的事。多少亲生骨肉还因为种种冲突而势同参商，何况本来陌路之人。由此应该承认，后母和前妻子女之间存在感情隔阂，是天然的、不可避免的。

但关键就看如何对待这一隔阂。就弱势者一方而言，如果是尚在襁褓中，他需要有人像母亲一样悉心照料；如果是童蒙未凿的孩子，幼小的心灵也许会产生猜忌、排斥以至抗拒的情绪，需要强势者以切实的母爱予以消解。可以说，结果在很大程度上取决于后母，就看她是否愿意付出。

我通过种种途径得到的感觉是，在湘东南一带的传统社会里，后母一般都是要为此付出的。

最能说明问题的情境，是既有后母的前夫子女，又有后夫的前妻子女。照天性，再婚女性显然对前者应该更亲近一些，毕竟有一条血缘的纽带。然而不然。据我所知在1949年以前，湘东南一带的后母往往将丈夫的前妻子女看得比自己的前夫子女还重。那些对前夫子女不怎么好的再婚女性，对前妻子女一般倒不错。

上述例 2 中的后母，改嫁时不肯把前夫之女带来，也不许她们到后夫家走动，但她对前妻子女却相当之好。前妻之女开始很排斥她，总是小鸟依人似地跟着婆婆。婆婆不准，对小女孩说："不要跟着我，你要跟着你娭毑（娘）！"小女孩总是说："她不是我娭毑，我娭毑已经死了。"但继母并不计较，尽忠报国般地履行一位母亲的职责。到小女孩长大出嫁的时候，父亲已经去世，兄长也已经分家，继母名下分到三亩养老田。她坚持不让出售女孩的嫁妆田置办嫁妆，而让女孩将嫁妆田直接当作陪嫁的一部分，另外从自己的养老田中卖出八分田给女孩置办嫁妆。

继母的付出获得了回报。前妻之女从懂事起就把她当母亲看待，出嫁后小孩断奶什么的，也都是送回她那里。她与女孩哥嫂的关系也很正常，与一般人家的母子婆媳并无区别。她一直生活到集体化时代，养老送终都是前妻子女任其劳，待遇较一般人家有过之而无不及。

这是一个令人感动的例证。毫无疑问，继母和前妻子女之间产生了亲情，而这显然是继母努力的结果。不要说对前妻子女有任何的嫌弃，哪怕是在小孩排斥她时她心里产生反弹的情绪，后来的一切都难以想象。

与之相类似的是例3中的那位母亲。她对前夫之子心存歧视，然而对后夫的前妻子女倒相当不错。据说，前夫之子归宗后，其寄父的前妻之女曾坐着轿子到他家去喝喜酒，像亲戚一样。由此可知，那个母亲对前妻之女应该是很不错的。要不然，前妻之女与归宗的寄子本来就没有亲戚关系，完全不必有什么礼节上的来往。那个母亲对两类子女不同的态度，很显然反映了一种感情上的偏向。

上述例证都是我访问得来的。近年我陆续收集到家乡一些老人的回忆录，其中也记载有类似的情形（例5）：1911年，一位年轻的母亲因难产而去世，"丢下两个男孩失去母爱"，不久年幼的夭折，只留下两岁的长子。

数年后，身为私塾先生的父亲重组家庭，对方因"丈夫病故守寡"，与前夫"生了一女"，已经不存，两人再婚后继母"精心带着"前妻之子，"视为掌上明珠"，后来又陆续生儿育女。一家人关系十分融洽，包括前妻之子与继母的子女，"虽不是同母相生，也是似同母出生"，他们"同舟共济，相亲相爱几十年，从没有发生争吵"[14]。

与前述两例稍有不同，此例中前夫子女已经不存，但后母的表现却惊人地相似。不难看出，善待丈夫的前妻子女，在当时当地是一种有着高度一致性的行为方式。

在田野访谈中我多次询问当地的老人：我们这里有没有后母虐待前妻子女的现象？——所谓"虐待"以常人感觉到"不好"、待遇与亲生子女相差悬殊为标准。得到的回答是：那样的情况没听说过。顶多只是有隔阂，与亲生子女有区别而已，差得很厉害的没有。

显然受到该传统的影响，我自小仍目击了不少继母对前妻子女视同己出的事例。有将吃农村粮的前妻女儿带出来念书，最终让其吃上国家粮的。请注意在那个年代，由于户籍制度的限制，乡村与城镇生活天差地别，这一举动意味着直接改变对方的命运。所谓"恩同再造"，差不多也就是这种情况。

而尤值得在此略加陈述的是，20世纪80年代中期，有一对老人再婚(例6)。当时男方的子女都已成家立业，女方未曾生育，收养了一子一女，也都早已成家。女方对男方的子女、亲戚十分亲洽，不仅经常到他两个女儿家做客，还多次到前妻的娘家走动，反复表示要将前妻的娘家认作娘家。后来她在一次车祸中不幸丧生，积蓄被养子女尽皆藏匿，丧葬费用全部由男方承担。男方子女尽孝如仪，还兴了大礼。[15]

也许有人觉得这一事例不说明问题，因为前妻子女都已经成年。我在此要指出的是，这一事例中继母与前妻子女间分明已产生一种类似于亲情的关系，这在很多再婚家庭中是不容易见到的。尤其是成年人，继母对他们既无养育之恩，建立亲情愈发有障碍。而这个后母居然能得到这样的礼遇，虽说在很大程度上取决于前妻子女通情达理，但她本人平时的态度不能不说也起到了决定性作用。难道这只是她个人的人生智慧吗？显然不可能。从上述事例中不难判断，她的所作所为不过是当地文化传统的延续。

值得指出的是，类似现象在邻近的江西也曾存在。民国《南丰县志》载："严安姜戴氏，年三十而寡，治家勤俭，抚诸子孙如己出。二女嫁奁，皆手自屏营。"[16]这种情况，与湘东南一带如出一辙。

四、血缘：在亲情的天平上

在平常语境中，我们总是习惯于将亲情当作血缘的衍生物，"血浓于水"的古训总是那样轻易地引起人们内心深处强烈的共鸣。在有些地方，我们可以看到"要的儿不胜亲生子"⑰之类朴素的生活经验。湘东南一带也有一句俗语："打虎亲兄弟，杀人父子兵。"讲的是在人生最需要帮助的当口，只有血脉相通的父子兄弟才会拼死向前，而且必须向前。然而通过以上的论述，我们不难发现亲情在血缘之间其实是有选择的。有些人尽管血脉相连，彼此的亲情却并没有因此而获得发展；与此同时，有些人尽管缺乏血缘的基础，却能在彼此间建立起亲情。

上文中与常情看似不无矛盾的两种行为，其实是同一观念的双重表现，那便是再婚女性的身份归属。鲁迅曾在《祝福》中以一位再婚女性祥林嫂为主人公，记述其老家流行的一种观念，认为再婚妇死后在阴司里要被鬼卒"用锯去解作两爿"，分给她嫁过的两个男人。乃弟周作人曾证明这话"并不是没有根据的，这思想相当普遍"⑱。我在此要提醒的是，那篇小说的场景在浙东，而且其设想的是死后世界。就本文所要讨论的地域而言，在现世生活中，再婚女性是不可能被允许分属两个家庭的。她要么守在前夫家里不出来，要么以后夫的家庭为归宿，不存在可供选择的第三条道路。

这里面需讨论一个问题：以后夫家为归宿是否意味着对前妻子女要恪守母职。换言之，如果再婚女性将她的身份定位于只成为后夫的继妻，却不同时成为前妻子女的继母，可不可以？

在本文聚焦的这一地域，答案显然是不可以。有一种力量驱使着再婚女性只能朝一个方向迈进。

我少时曾真切地感受到这一力量的存在（例7）。20世纪70年代，在寒家前面的一个自然村，有个隔壁县嫁来的后母对前妻之子看不顺眼。由于她性情桀骜，动辄寻死觅活，丈夫拿她无可奈何，以致乾纲不振。她对那个小男孩经常打骂，多次打得遍体鳞伤。有一次她正在肆虐的时候突然中止，据说是眼前出现一个人影将她拦住。附近的人都说，肯定是小男孩的生母看不过眼，显灵了。那后母吓得要死，从此改心，再也不敢虐待那小孩。

当初听到这一时闻我并没有十分在意，如今想来，这一事件反映了当地一种社会调控机制起作用的普遍情形。所谓亡魂显灵事涉怪力乱神，在此可不讨论，但那个后母在施虐后承受着压力则毫无疑问。从这一意义讲，鬼神的力量完全可以看作现世力量的一种折射。

事后不久，我曾听先大伯父讲，同宗的大队书记曾在村里一个追悼会上，趁着谈论孝悌伦理的机会，拍着桌子对那个后母厉声痛斥。警告她，如再不痛改前非，就叫民兵抓她去游行⑲。在我的记忆中，此一威慑并未得到广泛宣传。也许当地认为鬼魂显灵更加神奇，才乐于将上述事件以一种更加玄妙的方式来加以渲染吧。

在近年的访问中，我没有收集到更早的与例 7 情况类似的例证。但在当地的社会环境中，存在着这样一种调控机制是毋庸置疑的。我还记得先大伯父曾就例7加以评论，说这样的事情在1949年以前，完全是可以"开祠堂门"的，意即将此事提交宗族加以干预。

查寒族旧谱，所载家规之第一条"敦人伦"有曰：

> 一家之中，父子、兄弟、夫妇而已。而孝慈序别，各止其所。遂以肃肃雍雍，风斯止矣。倘败坏彝伦，悖理犯分，庭帏中几无乐地，家庭内实为乱阶，本之不深，末于何茂？凡为人者，当首重之![20]

显而易见，这正是先大伯父就例7发表看法的人伦依据。后母虐孤，事属"悖理"，致使"庭帏中几无乐地"，这是无须特别解释的。

当然，"开祠堂门"是非常严重的事件，一般情况下根本用不着那么正式。我手头正好有一条醴陵的资料，在此不妨引以说明：

> 李立三有个远房婶娘是后娘，时常虐待她的前房遗女。李立三决心给这个小堂妹打抱不平。一次，他声言要讲三国故事。邻里妇女小孩向来喜欢听他讲三国，他的婶娘和其他人都来了，他就开讲了。但他讲了一段三国故事后，就换了题目，讲了一个后娘虐待子女不得好报的故事。婶娘听出了他的用意，尴尬之余，恼羞成怒，就拍桌打凳闹了一场。但她从这以后再也不敢打骂女儿了。㉑

据书中叙述，此事约发生于民国初年。李立三(1899—1967)的老家醴陵，与安仁相隔不远。该地居民也都以江西移民后裔为主。㉒受此影响，现在其方言也属于赣语。两地的社会结构与文化传统可谓类同，这条资料其实可以说反映了湘东南一带较普遍的状况。李立三的这一举动显然不属于个人兴之所至的偶然行为，它表达了当地环境中大多数人的文化观念。包括那个后母事实上也认同。否则，以长辈之尊，绝不可能因为听到后辈一个含沙射影的故事便轻易地改变其平素的习惯。从这一意义而言，文末的"不敢"隐含了比字面更多的内涵。

事实上，相比舆论，还有更现实的压力存在。那便是很多继母不得不面临的对老境的忧虑。俗话说"养儿防老，积谷防饥"，这句话在20世纪80年代计划生育的宣传中，无数次被人以活生生的事例加以驳斥。可是我们也该看到，在传统的缺乏社会保障体系的乡村，老人们要安度晚年，不指望儿孙又能指望谁？只要想到这一点，前妻子女的潜在价值便不能不引起后母们的重视。

我们可以注意到有些女性改嫁后，与后夫是没有亲生子女的。这部分人的养老需要仰仗前妻之子，如上述例2所示。即便有亲生子女的，我们也可以看到很多继母被前妻之子与亲生之子共同赡养的事实。

在此不妨举一个处于临界状态的例子（例8）。20世纪30年代初，有个男孩在襁褓中失去了母亲，父亲只得为他找一个继母。担心有子女的难免出问题，父亲决定找没有生育能力的女性。个中复杂的技术问题毋庸细述，总之那位父亲获得了成功。可令他大感意外的是，正因为没有鞠养过小孩，做继母的对于清洗污秽、夜间喂食之类脏且累的活计不愿意承受，仍不得不由做父亲的任其劬劳。后来的日子倒也还顺当，一家人看起来雍雍穆穆。继母在晚年得到了赡养，但同时她也不得不经常听当年的小男孩对她嘀咕：她并没有尽到一个做母亲的责任。③

这是一个足够有警示意义的例证，颇可以展现后母和前妻子女之间建立亲情的关键。亲情首先是一种义务，意味着付出。要想得到幸福的晚年，必得先给小辈以幸福的童年。相信这一情景对周围生生不息的同命人来说，不啻晨钟暮鼓。

以上都是站在前妻子女一边进行讨论。如果站在前夫子女一边，说来其实也情有可原：下堂母既已成为人家之母，与前夫子女间的亲情自然不可能再自由发展。即便随母改嫁，下堂母为表明认同新的身份起见，也势必与其保持一定的距离。要不然她又将面临另一种压力。如例3中那个母亲对待前夫之子，简直已超出正常的人情范围，我揣想其中可能包含着对后夫家庭表忠的动机。

不过血缘毕竟是客观存在的。尽管改嫁女性对前夫子女的亲情受到限制，但那些子女对下堂母的生育之恩，倒是念兹在兹，经常想方设法予以回报。例1中的孤儿成家后，经常带子女去给安葬在后夫家山上的老母上坟。例2中前夫的女儿出嫁后，也与下堂母作亲戚来往。例3中前夫之子长大归宗后，时常接母亲到家里小住。

由此我感到当地观念中似乎存在这样一种家庭分

工：生育是母亲的义务，抚养则是父亲的责任。否则，那些前夫子女对下堂母的上述行为恐怕很难曲予体谅。

因而为了节约资源，有些较古老的婚姻形式便得以顽强地留存下来，如兄终弟及。

我曾注意到有这么一个事例（例9）：20世纪60年代，有一个女子在生了两个儿子后死了丈夫。正好小叔子还没有结婚，于是村里的好心人跟他讲：要是让嫂子改嫁，两个侄子就"零"掉了；看在死去的老兄的份上，不如干脆娶嫂子为妻，这样两个侄子便有了保障。经过一番权衡，做叔子的答应了，婚后又增添了新的子女。

这一婚姻形式当然并不普遍，但从中可以看到血缘和亲情的完美结合。促使那个叔子做出决定的因素无疑很多，包括那个嫂子非常能干，力胜男子。但无论如何，对亲情的眷顾是一个极为重要的因素。这种婚姻能够从遥远的古代孑遗到现代，只能说适合它生长发育的土壤并没有完全风化变质。

五、1949 年以后的变迁

上文所述基本上是 1949 年以前湘东南一带乡村生活中一种自我满足的社会运作机制。当这一机制遇到现代因素介入，并逐渐修正它的边界条件，变迁也就深刻而又无可逆转地发生了。

我自小耳闻目睹的现实，与上述 1949 年以前的情形已有了显著的不同。其中一个很重要的差别是：民国时期女性再婚，原因多为丧偶；而 1949 年以后，乡村女性再婚有不少已经是因为离婚。既如此，离婚时女性对子女的取舍显然更容易成为检验其亲情的重要尺度。

与上述情形有一点类似的是，1949 年以后，乡村离婚女性对前夫子女一般仍持放弃态度。道理很简单：抚养前夫子女无论如何都是一个负担，至少在经济上是。为此在婚姻市场上往往还会落到一个遭人嫌弃的境地。

然而，不要归不要，事实上离婚双方最终不得不分担抚养其共同子女的义务。

据我观察下来，在 20 世纪 80 年代以前，大体有这样一个规则：如果孩子只有一个，女方多半可以撒手不管。除非是女孩，而且又很小，男方才会强迫女方带走。要是有两个，那就谁也别赖谁，一般是对分。子跟父，女跟母。除非两个全是男孩，女方才有可能轻身而退。要是数目还有更多——这种情形较为少见，到了这种地步，看在子女的份上，恐怕就得将就一辈子了。

我少时有个熟人从几里外的地方带回一个妻子，是再婚女性(例 10)。她在前夫家生了一儿一女，带着女儿来到了后夫家。在后夫家，她又生了一女一儿。后来，她离开后夫，又回到了前夫家。回去的时候后夫让她带走了女儿，包括在后夫家生的这一个。

这一事例中，两次离婚都比较平静。女方在两次离婚中都分到了女儿。由此颇可以看出当时离婚双方对抚养子女分担责任的一般情形。

在我观察到的其他事例中，竟有因对此不能达成一致意见而终于放弃离婚的例子(例11)。一对夫妻已经生育了三个孩子，经常闹矛盾，多次闹到离婚的地步。丈夫说，离婚可以，条件是必须把两个女儿带走，因为女儿是妻子生的。妻子不同意，娘家人也帮她出主意，反诘：女儿又不是一个人生的，妻子当初在娘家做妹子的时候为什么不能生孩子？由于谁都不能被对方说服，到最后只好不了了之。

需要说明的一点是，在这一事例中，男方提出要女方带走女儿，并不是舍不得跟妻子离婚而故意刁难。在双方"打冤家"的过程中，丈夫多次毒打妻子，好几次将妻子打得昏死过去。而女方因不堪毒打而曾经喝过农药，还有一次径自将嫁妆挑回了娘家。——请注意，将嫁妆挑走是一个非常严重的事件，差不多就到了离婚的边缘了。退一步说，就算男方成心出难题，如果女方愿意要两个女儿，对方讨价还价也不难成交。

值得注意的是，女性的这一态度，到 20 世纪 80 年代后期终于有了显著改变。

引起我注意的是这样一个事例（例 12）。一对夫妻在经历了数年的纠纷之后，从法院获得了离婚判决。判决前，夫妻俩有一个女儿和一幢房子。当我看到男方家长欢天喜地的样子时，心想，男子肯定是拿到了房子，而让女方带走了女儿，顶多给对方出一笔抚养费。但结果大出我所料：房子归女方，男方带孩子，并且还无须女方出任何费用。

我对此颇为不解。按照此前流行的观念，这个判决男方算是亏大了。不料男方家长说，女方的态度也是要孩子不要房子，而法院把孩子判给了男方，所以男方赢了。

男方家长得意扬扬地向我炫耀：钱有什么用？屋有什么用？现在计划生育了，离了婚，要找个黄花女才能另外生孩子，而且就算另生也只能生一个，这里一个现成的孩子，养这么大了，怎么能给别人？——"管他麻的青的，有了在这里总是好的！"㉔

这一事例稍稍有一点特别：当事人虽然此前一直生活在乡村，但当时已拥有城镇户口，对计划生育政策的敏感可谓得风气之先。此后，不数年的工夫，乡村中的生育指标也逐渐收紧。如果头胎是女儿的，还可以再生一胎；头胎是儿子的则必须节育。于是，很多观念也就随之而发生了变化。

一个较为明显的趋势是，大致从进入 20 世纪 90 年代开始，当地乡村中出现离婚纠纷时，越来越多的女性对子女不再持放弃态度。即便是儿子，也志在必得，甚至有诉诸法律的情事(例 13)。一个农家女结婚后生了个儿子，很快，她发现丈夫不学好。她父亲便建议她趁早离婚。本来她不打算要儿子，但她哥哥说：自己生的，为什么不要？于是她提出带孩子走。男方坚决不让，于

是打官司。最后法院判女方胜诉。^①

如此激烈的对子女的争夺，在以前的乡村是不可能出现的，就凭女方提出离婚，按以往的惯例她也该做出某些让步。这一事例的标志意义不容低估，类似的情事已颇不鲜见，只不过并非所有人都能走到运用法律这一手段而已。

既然敢做出这样的选择，女性离婚后重组家庭，对待带来的前夫子女，自然不可能再像 1949 年以前那样。事实上，这类子女的处境早在我少时就已与 1949 年以前有天壤之别。上文讲到 20 世纪 80 年代以前离婚女性对子女一般持放弃态度，但客观上，部分女性不得不抚养一些前夫子女。既然抚养了，再婚女性对前夫子女便很少歧视，毕竟是自己亲生的骨肉。我自小观察到不少此类子女，他——多数是她——们无一例外地受到基本正常的对待，而且还往往因为其外来的背景而受到母亲的特别保护。每当周遭出现不应有的压力，常常是母亲用女性特有的方式出面替这些子女主张权利。这正是我在数年前听先母讲述清末的事例时大感诧异，并进而对这一问题产生持续兴趣的环境原因。

只是任何事情好像都有一定的限度，即便亲情也不免如此。从前夫子女的角度看，1949 年以后再婚女性的亲情表示大有加强，而且近年有愈益发皇之势；可是从另一个角度看，前妻子女与继母之间的关系却正在逐渐地变得不甚美妙。

在我少时的感觉中，这类关系虽然属于比较难处的（也许这一印象受到本文开头所述看小说经历的暗示），但一般而言还不至于太糟。例 7 算是一个比较极端的例子，可是继母的行为也受到了抑制。近年对附近乡村进行访问，有些人说他们那里一般还可以，继母对前妻子女至少也就是一般，有一些算是很好的。而有些地方的人则觉得，继母对前妻子女一般都有看法；好的也有，少。

在访问中出现这样的感觉差异，不足为奇。我将其理解为不同村庄在风俗变迁的进程中所处的相位有所不同，只是难于做进一步的说明而已。而据观察，随着计划生育政策的推进，组合家庭中，继母对前妻子女心存芥蒂的事例确实在增多，尤其是抚养着前夫子女的继母。例12中男方离婚后很快重新组建了家庭，对方也带着一个小孩。双方都对自己的孩子疼爱有加，而对另一个小孩另眼相看。有一天，男方回家看到女儿眼睁睁地望着另一个孩子独享美食，他大为光火，立即报复。于是，双方大吵一场，就此分手。

对于这一再婚家庭，曾有知情人形象地将其性质描述为"互助组"，尚未形成有共同物质基础的"人民公社"，双方随时可以退出。类似情形在乡村中目前尚不至于如此严重，但问题同样存在是毋庸置疑的（例14）。我熟悉的一个女性在20世纪90年代初结婚生子，离婚时经过一番较量，终于成功地将孩子带到了后夫家。后夫也有一个儿子，因此夫妻俩不能再生育。双方都对亲生的儿子更好一些，连外人都能看出其中的分别。

是什么样的因素导致了这一系列的变迁？

以 1949 年前后进行对比，一个比较重要的变化是作为一种社会调控力量而存在的宗族被消解了。这为再婚女性抚养前夫子女去掉了一大障碍，而对维系继母与前妻子女的关系却带来了弊端。

宗族的基本社会功能是"敬宗收族"。其中，"敬宗"必然导致对异姓血统的排斥。而"收族"则包含两层含义，它既指处分绝嗣家庭的遗产，又指对鳏寡孤独的收养。⑳就第一层含义而言，异姓子无疑是宗族成员的隐患。而就第二层含义来说，它意味着对前妻子女的保护作用。倘若受到继母的虐待，那些孩子绝不是孤苦无依的。

可是这一结构性的社会组织在 1949 年以后被瓦解了。

随着宗族势力一同消逝的，还有过去的土地制度。

我感觉这应该是一个更具威力的影响因素。在土改前，作为乡村最重要生产资料的土地一直是个人财产的核心；再婚女性抚养的前夫子女，长大后势必成为瓜分后夫财产的人选，这是不能不令后夫的家人乃至亲族为之虎视眈眈的。1949年以后，土地收归国有；再婚女性对于所抚养的前夫子女，只需承担其成人之前的供给之劳，而无须担心其安身立命的根本大计。与1949年以前的局面相比，其势不啻云泥霄壤。

我曾注意到一个跛脚的裁布匠在20世纪70年代娶了一个再婚女性，女方带来两个儿子，后来都在后夫这边安家落户，且未曾改姓。要是在1949年以前，这简直是难以想象的。

20世纪80年代初，家庭联产承包责任制逐渐推行。由于土地按人头承包，当时曾被普遍理解为分田单干。松弛已久的土地问题一度变得重新紧张，人均田亩较少的地方对户口的迁入十分警惕。然而不数年工夫，随着整个经济形势的发展，越来越多的人意识到，以土地为生绝对没有出路，于是纷纷以各种方式出外谋生。土地问题又回到无须为它担心的那个状态。——如果说与实行承包制以前有什么不同，那便是有些地方无人愿意在家种田，以致每家每户必须承包一定数量的土地，要不然就只好花钱请人代为耕种。

显然正因为经济基础已发生变迁，实行承包制以后，宗族组织虽然也曾一度出现复活的倾向，不少宗族都重建宗祠、续修族谱，当然还成立各种名目的理事机构，然而此宗族终究不同于1949年以前的彼宗族。我们可以注意到，新修族谱的编纂原则普遍地与传统族谱大有不同。例如，寒族近年新修族谱，其凡例第一条便载明：

谱乃一族之重要历史资料，务必尊重历史，尊重现实，遵守国家现行政策、法规，特别是男女平

等、计划生育等基本国策。㉗

其隐含的意思便是说，这份资料上的内容，已不能成为处分个人财产的依据。不仅如此，第五条竟然还说"参修自愿"。其所具有的意义也就可想而知。

而为了省却麻烦，有些族谱干脆特别交代：

> 承祧、分祧及养子抚子，家产继承权由其自行处理，族内不加任何认可。㉘

由此可见，宗族已完全纳入现行的法治化轨道。曾被毛泽东在《湖南农民运动考察报告》中称作"族权"的东西，已如日落西山、水流东海，永远不可能再回转了。

以上所说为社会经济环境，同样不能忽视的还有女性本身经济能力的变化。

我们可以注意到在清末以前，由于受裹脚风俗的影响，女性的经济能力总体上是十分微弱的。民国初年破除缠足陋习，湘东南一带到 20 世纪 30 年代才有天足女性逐渐进入生产领域。当时女性仍主要处于"主中馈"的状态，所从事的多是一些辅助性劳动。1949 年以后，农民很快被组织起来；尤其集体化以后，女性亦从事田间劳作，其经济地位自是大为提高。我从小看到很多女性不仅承担插秧、除草、割稻、脱粒等大量繁杂而琐碎的工作，而且与男子一样承担许多重体力活。闲谈时很多人感叹，在农业生产中，女性虽然"底分"较低，但实际上比男性更苦。在这种背景下，再婚女性抚养前夫子女，后夫的负担自是大为减轻。即便面对前妻子女，继母们也平添了一份自傲的资本。

改革开放以后，乡村女性外出打工、经商的颇为不乏，其经济能力较之集体化时期更有所提升。这对于再婚女性维护与前夫子女的亲情，自然是福音。然而，当我们注意到继母与前妻子女之间的微妙关系，恐怕又不能不心存疑问：在乡村，社会发展的趋势固然是女性力量的愈益增强，然而不知要增强到哪一步，才能延伸出整个社会的和谐与温馨？

六、亲情的地域社会类型

以上是基于湘东南，特别是基于我老家安仁县的乡村生活所做的探讨。如果我们把视野放宽，不难发现，它与其他地方，特别是与本篇开头提到的黄河中下游平原一带是大有不同的。

黄河中下游平原一带的情形，我们大体可以从民国方志所载的有关谣谚中得其梗概。最大的不同，主要表现在继母对前妻子女的态度上。特别是继母生下弟弟以后。一旦出现这种局面，民歌《小白菜》里吟唱的恐怕就是这一社会群落共同的不幸。

民国《晋县志料》在记述"蝎子尾，黄蜂针，最毒毒不过后娘心"的谚语后注释道：

> 继母对前妻子女多半虐待。此种恶习，迄难荡
> 涤，自非普及教育，此风未易改也。[24]

民国《昌黎县志》在记录上引"可勒鱼，一裹针，最毒不
过后娘心"的俗语后亦注明：

> 谓多虐待前房儿女也。[30]

更多的资料在此无须枚举。

 至于虐待的具体表现，有最基本的吃、穿方面的差
异，如完县《小白菜》所唱的"弟弟穿的绸罗缎，我却穿
着粗布裳"[31]。而较高端的区别则更加显著，如安阳《秧
秧菜》在哭诉过"弟弟吃稠我喝汤"之后铺陈：

弟弟花钱流水般，我想花钱难上难。弟弟上学去念书，我到野外去放猪。[20]

类似的对比不一而足，在各地的歌词中花样翻新，层出不穷。

因而，晚近个别地方的歌词中还出现了对后母的诅咒。其中有些诅咒相当刻毒。[21]稍须注意的是这些诅咒内容基本上在20世纪50年代以后采集的民歌中才出现。不知是受特殊年代社会风气影响所致，还是民国时期方志编纂者舍弃了这些内容，在此姑不置论。

具体的个案，民国时黄河中下游平原甚至有前子不堪后母虐待而外出逃亡的现象发生。曾彦修的《审干杂谈》讲述了一个鲜活的实例：有一位阎某，山东泰安（或兖州）人，贫苦农家子，"十岁丧母，兄弟二人受后母虐待，弟弟先逃亡了"，抗战爆发后，当地有一个国民党的伤兵医院，"阎某这时十七八岁，逃出家庭，进入这个伤兵医院去当了一名看护兵"㉞。类似现象，在湘东南一带应该是不太可能发生的。即便一些继母与前妻子女的关系并不如上述例证中所示的那样美好，考虑到当地整体的社会环境和文化传统，可以肯定，就算彼此关系再不好，也绝不至于像黄河中下游平原那样恶劣。

那么这里面就有一个问题：何以黄河中下游平原上的后母能够那样地威风凛凛？

从资料中分析，小孩的父亲应该是个关键。民国《沾化县志》中已有"有了后娘有后爹"㉟的谣谚，类似的谣谚在黄河中下游平原流传甚广。例如，民国《禹县志》载："芝麻叶，黄厥厥，有后娘就有后爹。"㊱民国《新河县志》亦载："芝麻叶，黑又黑，有后娘，有后爹。"编者还特地说明其意旨是："继母虐待其前子，父亦随之。"㊲

对此，有些地方只是无助地哀叹"铁打的心肠也随邪"㊳，而有些地方则愤怒地责骂"可怜阿爹眼也瞎，不敢大声说句话"㉟，这与上文所述湘东南一带的情况大异其趣。

不过正因为如此，这一地区随母改嫁的前夫子女，其处境相对于湘东南一带似乎要好很多。资料中此类资料不算丰富，但承德的《小白菜》中，将其他地方歌词中的"生下个弟弟"改成了"后娘来了不要紧，带来一个丑儿郎"，然后大肆铺叙：

> 丑儿郎、比我强，他吃面来我喝汤。端起汤碗想亲娘，不由两眼泪汪汪。后娘问我为啥哭？我说汤热烫得慌。丑儿郎、比我强，他穿绫罗与绸缎，我穿粗布破衣裳。破衣露肉不遮羞，见人躲到旮旯藏。后娘问我为什么？我说老爷儿晒得慌。丑儿郎、比我强，他在学堂把书念，我到山坡去放羊。……㊵

所谓"丑儿郎"虽然是后母的前夫子女，但享受的待遇与其他地方《小白菜》中描述的后母与父亲生育的弟弟毫无二致。

虽然这一史料缺乏足够旁证，但我认为它符合逻辑。在一个后母强势、父亲相对弱势的环境中，后母应该有能力为其前夫子女提供基本的庇护。倒是前妻子女，由于父亲也须看后母的眼色，只好沦落到无依无靠的境地。

那么，何以黄河中下游平原一带的父亲会有这样一种态度？由于目前缺乏足够的相关研究，我又缺乏在华北农村生活的经验，在此不能展开进一步讨论。个人揣测，不知是否与华北农村婚姻市场上女性资源相对稀缺有关。若然，那将是另一个饶有意思的论题。

相对而言，我感觉较强烈的是，在黄河中下游平原，明显缺乏一种足以成为前妻子女依靠的社会力量。与上述湘东南一带相较，那便是宗族。民国《大名县志》

所载歌谣有云：

> 小公鸡，挠草垛，没娘的孩子真难过。同爹睡，爹打我；自己睡，猫咬我。娶个花娘又恨我。命我背谷去捣碓，出门碰见干姊妹。说几句话，掉几眼泪。跳井吧，井又深。跳河吧，河又长。扶着碓杵哭亲娘。[41]

相同主题、差不多内容的民歌在黄河中下游平原也流传甚广。民国《淮阳乡村风土记》中便有一首几乎一模一样的儿歌。[42]显然，在近代的黄河中下游平原，这是一个十分容易引起共鸣的悲情话题。假使我们为它加上一个与湘东南一带相似的宗族环境，可以肯定，此类有父无亲以致上天无路入地无门的悲惨景象，是绝对不可能发生的。

在此也许可以做这样一个归纳：在传统乡村的再婚

家庭中，黄河中下游平原继母的地位较为重要；而在有宗族环境的湘东南一带，家庭中基本上以父亲为核心。唯其如此，在前一种类型中，前妻子女往往找不到地位，只能遭受虐待。而后一种类型中，前妻子女与后妻子女大体能够享受一视同仁的对待。

然而我却不愿意据此得出一个简单的推论：黄河中下游平原女性的地位相对较高。在我看来，地位高低不能光看一时，而应该看一世。社会是一个复杂、有机、环环相扣的整体。在湘东南一带，继母年轻时对前妻子女大多持奉献态度，此时看，其地位似乎是较低的；但过后大多能得到相应的回报。就老了以后看，恐怕要得出相反的结论。对黄河中下游平原的乡村生活我缺乏具体了解，但无论如何可以肯定，该地一度很普遍的后母虐待前妻子女的现象，应该只是当地社会环境中的一个表征而已。

注　释

①　杜亚雄编：《中国民歌精选》，96 页，成都，四川人民出版社，1984。

②　详见本书附录二《〈小白菜〉相关民歌及谣谚分布表》。

③　江明惇：《汉族民歌概论》，209 页，上海，上海音乐出版社，1982。

④　见丁世良、赵放主编：《中国地方志民俗资料汇编·华北卷》，235、287 页，北京，书目文献出版社，1989。

⑤　湖南省安仁县志编纂委员会：《安仁县志》，92 页，北京，中国社会出版社，1996。

⑥　参见曹树基：《湖南人由来新考》，见中国地理学会历史地理专业委员会《历史地理》编辑委员会编：《历史地理》第 9 辑，114～129 页，上海，上海人民出版社，1990。

⑦　《洲头李七修族谱》卷二《六修凡例》，31 页，1997 年油印本。

⑧　《赤塘张氏九修族谱》卷一，77 页，2001 年打印本。

⑨　《洲头李七修族谱》卷二，33、34 页，1997 年油印本。

⑩　据李先生讲述，2002 年 7 月。主人公为其长辈。

⑪　据侯女士讲述，2002 年 8 月。

⑫　大水田，位于河漫滩上，大水来则受淹。

⑬　据家姊讲述，2002 年 8 月。

⑭　贺正明：《我的回忆》，3、8 页，自印本，2001。

⑮　事主是我的亲族长辈。兴大礼：开吊之前孝子孝孙在文礼生的引领下烧拜香、走九州，之后有翻火焰山、过奈何桥等项目。这是当地丧礼中最隆重的礼仪，集体化时期一度被禁止。

⑯　民国《南丰县志》卷三十四《烈女》，65 页，1924 年铅印本。

⑰　《淮阳乡村风土记》，见丁世良、赵放主编：《中国地方志民俗资料汇编·中南卷》，157 页，北京，北京图书馆出版社，1991。

⑱　周作人：《鲁迅小说里的人物·〈彷徨〉衍义》之四"死后的问题"，见周作人著，止庵编：《关于鲁迅》，287 页，乌鲁木齐，新疆人民出版社，1997。

⑲　游行：即通常所谓"游街示众"。集体化时期经常采用的一种惩治措施。被执行人身着侮辱性服装，一边走一边敲打铜锣，不时高呼自己犯有某种过失，请公众引以为戒。受此惩治往往被视为奇耻大辱。

⑳　《赤塘张氏九修族谱》卷一，78 页，2001 年打印本。按：此家规在光绪己亥(1899 年)八修时已为重刊。

㉑　唐纯良：《李立三全传》，5 页，合肥，安徽人民出版社，1999。

㉒　参见曹树基：《湖南人由来新考》，见中国地理学会历史地理专业委员会《历史地理》编辑委员会编：《历史地理》第 9 辑，114～129 页，上海，上海人民出版社，1990。

㉓　据家姊讲述，2002 年 8 月。

㉔　麻的青的：当地俗语，指麻蛙、青蛙。有各种选项之谓，类似于四川人所谓白猫、黑猫。

㉕　据颜先生讲述，2002 年 10 月。

㉖　参见史凤仪：《中国古代的家族与身份》，34 页，北京，社会科学文献出版社，1999。

㉗　《赤塘张氏九修族谱》卷一，4 页，2001 年打印本。

㉘　《洲头李七修族谱》卷二，55 页，1997 年油印本。

㉙　见丁世良、赵放主编：《中国地方志民俗资料汇编·华北卷》，93 页，北京，书目文献出版社，1989。

㉚　同上书，235 页。

㉛　民国《完县新志》，见丁世良、赵放主编：《中国地方志民俗资料汇编·华北卷》，355 页，北京，书目文献出版社，1989。

㉜　民国《续安阳县志》，见丁世良、赵放主编：《中国地方志民俗资料汇编·中南卷》，104～105 页，北京，北京图书馆出版社，1991。

㉝　例如，河北沙河的《小白菜》，见附录二。

㉞ 曾彦修：《审干杂谈》，52 页，长沙，湖南人民出版社，1986。

㉟ 见丁世良、赵放主编：《中国地方志民俗资料汇编·华东卷》，171 页，北京，书目文献出版社，1995。

㊱ 见丁世良、赵放主编：《中国地方志民俗资料汇编·中南卷》，201 页，北京，北京图书馆出版社，1991。

㊲ 民国《重修信阳县志》，见丁世良、赵放主编：《中国地方志民俗资料汇编·中南卷》，233 页，北京，北京图书馆出版社，1991。

㊳ 民国《新河县志》，见丁世良、赵放主编：《中国地方志民俗资料汇编·华北卷》，510 页，北京，书目文献出版社，1989。

㊴ 民国《香河县志》，见丁世良、赵放主编：《中国地方志民俗资料汇编·华北卷》，287 页，北京，书目文献出版社，1989。

㊵ 承德市民间文学三套集成编辑部编：《中国民间文学集成河北卷·承德市歌谣分卷》，260～261 页，内部资料，1988。

㊶ 见丁世良、赵放主编：《中国地方志民俗资料汇编·华北卷》，433 页，北京，书目文献出版社，1989。

㊷ 见丁世良、赵放主编：《中国地方志民俗资料汇编·中南卷》，153 页，北京，北京图书馆出版社，1991。

附录一　关于嫁妆计算的公式

何谓"嫁妆"，相信每一个有社会生活经验的人都不陌生。毛立平博士在《清代嫁妆研究》(以下简称《嫁妆》)的导言中提出："嫁妆，是女子出嫁时娘家陪送的财物，亦称'嫁装''嫁资''妆奁''奁具'等。"①她试图以物权为中心，对清代的嫁妆进行考察。因此，她认为："嫁妆是母家赠送给女儿供其带到婆家使用的财物。"(3 页)

众所周知，在传统的婚姻缔结过程中，男家是要向女家提供聘礼的。或称彩礼、财礼。对于这笔彩礼，《嫁妆》也给予了足够的关注，但给出了一个简明的认定："聘礼是男家送给女家的礼物，使用权和受益者应为女方家庭。"(164 页)这样处理，其方便之处不言而喻，但是，与实际的社会生活相去较远。

为了说明传统婚姻缔结过程中的财务往来，对嫁妆的来源和构成做清晰的揭示，我设计了一个计算公式。这个公式由两部分构成。

一、嫁妆的计算公式

首先，从男方角度看。传统的婚姻，因为是从男居，男娶女嫁，从缔结婚约到正式迎娶，男方须多次、以多种形式向女方提供一定数量的礼金和礼物。可统称为财礼，或雅称彩礼，亦称聘礼。这笔彩礼（M），其表现形式、馈送时机和次数因时代、地域、人群的不同而各有差别，这都不构成问题。问题的关键，在于馈送对象。大而别之，其受礼对象只需分两类。一类是女方家人，特别是女方父母（M2）。另一类是新娘本人（M1）。这样，男方付出的彩礼可以用公式（Ⅰ）来表示：

$$M = M1 + M2 \qquad （Ⅰ）$$

因为受礼对象不同，寄予其中的经济关系便呈现出两条清晰的理路。M2属于人情往来，受礼人可以照单全收，或在接收后小有回馈，各受当时当地风俗的制约。而M1则须在新娘过门时带回男方家中。

因此，从女方角度看，嫁妆（J）的来源也有两个基本构成，可以用公式（Ⅱ）表示：

$$J＝M1＋F \qquad （Ⅱ）$$

其中，F表示来自女方家庭的馈赠。如果细分，有来自新娘父母的赠予，也有女方亲戚或闺蜜的添箱，还可能有新娘本人婚前的劳动所得，等等，但在此不需要区分。重要的是将F与M1区分开来。严格地讲，F部分才是真正意义上的"陪嫁""陪送"。如果笼而统之地将"嫁妆"（J）视作"陪送""陪嫁"，以为它们是一回事，显然属于不明就里。

《嫁妆》一书引用了大量史料，并制作了多幅表格，如表3-2"嫁妆与聘礼关系举例"（160～163页），表5-1"贫家陪嫁举例"(237～239 页)、表 5-3"地方志中的奢嫁记载"(248～253 页)。这三个表中有不少现成的史料，可以证明上述公式(Ⅰ)(Ⅱ)的成立。例如：

(1)民国《安达县志》："家愈贫，而聘金逾多，甚有荡其所有仅足谋一妇者，而女家妆奁则除一身更无长物矣。故俗谚有曰：'富者聘女，贫者卖女。'陋习相沿，殊可慨也。"(239 页)

(2)民国《凤山县志》："女家备办上述各物，除将男家所给聘金用尽外，上中家每嫁一女，先时须贴用一二百元，现时约贴数万元。"(161 页)

(3)民国《平乐县志》："至于聘金之来，完全璧返，为婚姻不论财之表示，不独富有者为然，稍足支持者大率类是。"(161 页)

(4)民国《重修蓟县志》："惟贫困者嫁女无资，少索财礼以为嫁女时之衣饰。"(237 页)

（5）民国《平乐县志》："贫者嫁女，其被帐、衣饰、箱橱、盆桶，则视取偿于馈赠也。"（238页）

（6）同治《雩都县志》："贫家因以为奁，或多索金。"（238页）

（7）民国《万全县志》："富者每遇婚姻，必大事铺张，以夸耀乡里。所有双方之聘礼、妆奁，或用高桌陈列，或用食盒装置，抬夫数十人，亘长百余步，鼓乐前导，车辆后随。沿途观众不绝，无不啧啧称羡。"（249页）

（8）同治《筠连县志》："有女家贫不收采礼，奁具悉听夫家自制，谓之'倒办'者。"（239页）

这八条史料，例（1）中"富者聘女，贫者卖女"一语，可以证明M2的存在。事实上，其他例证中虽然没有明确指出，但按照人之常情，女方父母养了一个姑娘嫁给男方，男方无论如何总不至于一点儿礼物都不给的。所谓

"贴钱嫁女"只是就双方往来的经济总量来说的。因此，M2 的存在应该是不证自明的。公式（Ⅰ）的要义在于揭示 M1 的存在。如果没有 M1，公式（Ⅱ）就无法讨论。

其余七条史料，例(2)(4)(5)(6)是将 M1 用于置办嫁妆(J)。例(3)(7)是将聘礼(M1)原物璧还。这些都可以清晰地揭示公式（Ⅱ）的存在。例(8)从表面上看似乎 M1 没有发生，因为这笔彩礼根本就没有送到女方家去。但既称"倒办"，也就是男方代替女方办的，办了以后总归是给新娘子享用的，因此，这种情况 M1 实际上还是发生了，只不过付给地点是在男方家，而不是先送去女方家再带回男方家。

二、嫁妆计算公式的应用

利用公式（Ⅰ）（Ⅱ），可以较清晰、准确地分析传统婚姻缔结过程中的经济往来关系。

毛博士在《嫁妆》一书中，想绕开上述 M1、M2、F 诸项参数，笼而统之地从物权角度加以检讨。该书先是树立一个前提，认为男方将聘礼送给女方家以后，其"使用权和受益者应为女方家庭"，以至"女方父母可以将聘礼转化为女儿的嫁妆，也可以利用聘礼作为家庭其他的经济支出"（164 页）；而"嫁妆是女方家庭馈赠给女儿女婿的礼物"（205 页）。由此将讨论向纵深发展，将其引向妇女的财产继承权。

这一立意，当然是无可厚非的。但因未能分析出 M1、M2、F 诸项参数，致使该书在讨论中往往不能导出一针见血的结论。例如，第三章"嫁妆与清代妇女的财产继承权"第一节第二部分"从嫁妆与聘礼的关系看妇女的财产继承权利"，作者写道："嫁妆与聘礼有着密切的联系"，"它们有时成正比"，"有时成反比"，"许多情况下，嫁妆还由聘礼转化而来"（160 页）。这就完全不能说明聘礼（M1）与嫁妆（J）之间的数量关系。

事实上，应用公式（Ⅰ）（Ⅱ），还可以看到《嫁妆》一书对聘礼（M）、嫁妆（J）的物权解释并不到位。

按照《嫁妆》书中的理解，最难以解释的恐怕就是前述同治《筠连县志》中的"有女家贫不收采礼，奁具悉听夫家自制，谓之'倒办'者"。按照正常理解，男家把彩礼送到女家，女家再用这笔彩礼置办妆奁，两边都风风光光的，有何不好？

又，该书第五章述及"一些家庭在陪送嫁妆时使用欺骗的手法"时，曾征引同治《洪洞县志》的记载："近俗竟有假妆奁为饵，以争财礼者。既有用铜锡充数，以骗亲者；更有以好看为名，令男家借取首饰、币帛，及赚物到手，或尽裁减，或竟当（卖）者，致使日后残恨其妇，诟詈其婿，究以两姓之好，遂成仇雠。"这里面包含两种情况。对此，毛博士的解读是："女家以置办妆奁为名向男家争要聘礼，到手之后即使用欺骗的手段，用'铜锡'冒充金银器物为嫁妆；或者女家令男家借取他人

物品以充体面，而用后不还，甚至当卖。"(244页)

应该说，毛博士的前半解读是到位的，即女家以置办妆奁为名向男家争要聘礼。但是，如果聘礼真像《嫁妆》书中所认为的其"使用权和受益者应为女方家庭"，女家怎么会"令男家借取首饰、币帛"，直接要不就完了？如果男方认为女家"也可以利用聘礼作为家庭其他的经济支出"，怎么敢借首饰去送给女家？

由此可见，男家的聘礼(M)当中，有一部分(M1)根本就不是送给女方家庭的。尽管它从形式上被送到了女方家，但物权并没有转移过去，其使用权和受益者仍属于男方家庭，女方家庭不可以对它随意处分，它必得随新娘过门而回归到男家。一旦不按这个游戏规则玩，就会付出沉重代价。

上引同治《洪洞县志》资料中，女方家庭自作聪明，或是"用铜锡充数"，或者裁减、当卖，导致 M1 不能完璧归赵。男方拿女方父母没办法，只好"残恨其妇""遂成仇雠"以为报复。而前述同治《筠连县志》中所述的"倒办"，显然是为了避免出现这一后果，索性从形式上不把 M1 转移到女家去，而是直接在男家置办，以绝后患。

这里面有一个比较麻烦的问题是，史料中对 M1、M2 不加分别，都笼而统之地称为"聘礼"。因此，在具体史料中，所谓"聘礼"，到底是特指 M2，还是包含 M1，需要体察人情世故仔细领会。如乾隆《安溪县志》所载："贫者嫁即先讲定聘金若干，聘金少者无妆资，衣裳只是布素。"（238 页）其中，开头所谓"先讲定聘金"，指先讲定 M1 和 M2；"聘金少者"指 M 较少；"无妆资，衣裳只是布素"意味着 M1 也很小。

在此，我们可以用公式（Ⅰ）（Ⅱ）推演出聘礼、嫁妆数量的普遍情形。

如果是贫家，在公式（Ⅰ）中，M 当然总体上会很小。但是，当 M 变小，压缩的只是 M1，不会是 M2。

从男方的角度来说，这里面可以从两方面考虑。一方面，因为穷，筹措资金肯定是件烦心事。多一事不如少一事，M1 反正是要回来的，不如把它省了。即使不能省，也要尽可能让它缩小，这样，筹措资金的压力就会变小。而另一方面，如果把 M 做成 M1、M2 两部分，万一送过去后，女方把它全当成 M2，本应该作为 M1 返还男方的部分也不返还了，男方会很麻烦。因此，从资金安全角度来说，也会尽量地省掉 M1。省掉这一部分，只是面子上不好看，并不影响实际。而如果省了 M2，那女方父母绝对不会同意。于是，用公式来表示：

$$M1 = 0$$

$$M = M2$$

$$J = F \approx 0$$

这就是俗语所说的"买卖婚姻"。即男方给女方父母一笔彩礼，然后把人领走。这种情况下，也就不要谈啥嫁妆不嫁妆的了。

须特别指出的是，在公式（Ⅱ）所示的经济关系中，就习俗层面来说，嫁妆 J 最基本的来源是 M1 而不是 F。

道理明摆着：对富家来说，M1 和 F 都可以很大，即通常所谓厚聘、厚嫁。但对穷人来说，F 往往趋于零。此时 J 还能否存在，其实取决于 M1 之有无。《嫁妆》中曾引清代俗谚"上等之家贴钱嫁女，中等之家将女嫁女，下等之家卖儿卖女"（11 页），反映的正是这一规则。用公式来表示，便是：

上等之家：M＝M1＋M2，J＝M1＋F；其中，F 比较大，是以"贴钱"。

中等之家：J≈M1，F≈0；是谓之"将女嫁女"。

下等之家：M1≈0，M≈M2；F≈0，J≈0；是谓之"卖女"。

这个公式是以从男居为模版而写出来的，如果双方协商，婚后从女居，即通常所谓"入赘"，那么男女双方换位即可，并不影响计算结果。这种婚姻，由于传统父权家长制的文化影响，一般只有男方万不得已才会答应，绝大多数发生于下等人家。所以，下等之家除了"卖女"，还有"卖儿"一说。

明乎此，要从嫁妆(J)中探讨女性的财产继承权，恐怕只能令人失望。因为，在 J＝M1＋F 这一经济关系中，只有 F 部分来自女方家庭。而这一部分，只有"上等之家"才会有一定数量。对于广大的中等、下等之家，F 是无限趋于零的。

三、几点感想

嫁妆并不是中国特有的社会现象，但显然中国的嫁妆有其强烈的自身特色。上述嫁妆的计算公式（Ⅰ）

（Ⅱ），本身并不复杂。但从中可以得到不少启示。

最大的启示是，研究中国的传统社会，一定要从本土的人情世故出发，对传统社会有设身处地的理解。《红楼梦》中有一副著名的对联"世事洞明皆学问，人情练达即文章"，现在我们做社会史研究，完全应该把它铭刻在座右。

所谓"世事洞明"，我以为最根本的一条是，凡事不能从条条框框出发，而应该着眼于社会实际。尽管古代的法令、条规可能有这样那样的规定，但一定要注意其实行情况，绝对不能以纸上的空文去代替活生生的事实。而历史，终归是靠事实说话的。

例如，《钦定大清会典事例》卷三百二十五规定："汉人婚娶纳采及成婚礼，四品官以上，绸缎不得过八匹，金银首饰不得过八件，食品不得过五十。五品以下官各减二，八品官以下有顶戴人员以上又各减二。军民人等，绸绢不得过四，果盒不得过四。其金银财礼，官民概不许用。至庶民妇女，有僭用冠帔补服大轿者禁，违者罪坐夫男。"《嫁妆》一书认为："此法令虽然是针对男家纳采而言，其中的'其金银财礼，官民概不许用'对于女家陪嫁也同样具有约束力，直接证明婚嫁中用金银属于违法行为。"(183页)在道理上，这样的理解是对的。但在现实生活中，这些规定其实是一点儿约束力都不会有的，尤其是对普通百姓。中国的社会就是这样，很多事情规定得很细、很严苛，但正因为规定得太细、太严苛，事实上这样的规定根本就没法实行。如果一切按规定执行，世上早就没有人走路了。

从道理上讲，绝大多数人都希望自己的结婚只有一次，如此重要的人生礼仪，但凡有条件，谁不想弄点金银装点装点。而事实上，那么多清代史料，包括小说、影像资料表现的婚礼，除了赤贫，有几个人在结婚时没有上述所谓"违法行为"。那么多人"违法"，说明这样的规定根本就不具备推广的意义。比较合适的做法，应该是根据历史上的实际生活，去研究这样的规定为什么制定，制定后在多大程度上得到施行。而不是反过来，先肯定它，然后来想象古人的生活。

又如，《礼记·内则》中有"无私货，无私蓄，无私器，不敢私假，不敢私与"的记载，希望家庭生活中的妇女无欲无求，就像生活在真空中一样。可是，古人也是人，古代的生活也是生活。古人不可能人人都信奉儒家礼教②；即使信奉礼教、谨遵法规，也不见得都是坚持"饿死事小、失节事大"的道学腐儒。出自《礼记》的这五个"私"字，在现实生活中绝不可能有任何意义。且不说普通人，古来那么多讲究修齐治平的读书人，谁见过他们谁家的妇女曾那么无"私"？曾国藩，一代理学名臣，卒谥"文正"，他夫人去世后每个女儿各分得八百两银子，这不是"私"又是什么？总不能说曾家是一个例外吧。

这几个例子是对"世事洞明"的解说。至于"人情练达"，应该承认有相当大的难度，我也只能是心向往之。不过较有感触的一点是：研究过程中恐怕不必有太多的理论关怀。

研究中国的社会史，最怕的是不管中国具体的情况，生拉硬拽地找一些西方的社会科学理论和视角，割裂中国的具体事实，拼命塞进去。看起来挺新颖，其实不解决问题。

例如，用西方的物权观念来研究中国传统的嫁妆，其中就有许多窒碍之处。一些西方学者，他们在西方的社会环境中长大，看待中国传统嫁妆戴着一副西方的眼镜，这是他们自身的特点，可以理解。中国人研究中国问题，当然也可以用一些西方的理论，但在用之前一定要先对前提进行检验。一定要对适应性加以充分论证。中国古代根本就不是法治社会，很多与法律相关的概念与西方完全不一样。因而其表现形式和运作规则根本就无法简单类比。

上文曾提到，聘礼虽然是男方送给女方家的礼物，但其中 M1 的部分，其物权并没有转移给女方，必须随新娘过门，以嫁妆的形式回归到男方家。回归之后，《嫁妆》一书断言："即使女方家庭将聘礼转化为妆奁返回男家——这是清人常常使用的做法，这笔财产也与新婿的父母无关了，他们必须在分家时重新考虑分配给儿子的财产份额。"（164 页）这是十分富有现代法律意义的表达，但不符合中国传统的思维习惯。据我所知，一个人家但凡儿子数量在两个以上，父母在考虑任何大额开支时，都会联想到分家的份额。聘礼作为一项大额开支，如果返回男家后只归小夫妻俩享有，那只不过是分家时他们应得财产的一部分，要不然就乱套了。

况且，有很多种情况，导致聘礼返回男家后，其所有权并不属于小两口。上引资料中，聘礼系借自他人的金银首饰，用过后肯定要归还，自不用说。有时还会出现一些特殊现象。曾国藩的曾孙女曾宝荪就记载了这样一个活生生的例证：曾宝荪之母为广东电白人，按广东风俗以"平妻"身份嫁给曾广钧，曾宝荪祖母郭太夫人大不以为然，竟要新娘"交出所有聘礼"③。这一事例虽然总体来说不算多见，但至少可以说明，聘礼 M1 部分返还男家以后，其物权并非与新郎的父母无关。

因此，我总以为，中国传统社会的事情，如果要拿西方、现代的一些观念来分析，实在是需要小心而又小心的。有些东西表面看来像那么回事，而内中却未必然。并不一定特别复杂，关键是逻辑理路不一样。此时，要紧的不在于有什么理论关怀，而是要把事实和道理搞清楚，即俗话所说的"人情事理"。像《嫁妆》一书中反复认定的"嫁妆与聘礼的多少往往成反比"（11、62 页），这就于人情不合，于事理不通。嫁妆与聘礼"成反比"，天底下怎么可能有这样的事，如果这样，谁还愿意送聘礼？一分钱不送，岂不是可以得到更多嫁妆？

该书中引述了民国《万全县志》中的依据："盖贫家聘礼，只索钱财，不重物品，其妆必少，甚至毫无。富者重礼物，不索钱财，其妆奁反多。"(62页)但原文讲的钱财、物品，只是表现形式，不可能指价值。所谓"贫家聘礼，只索钱财，不重物品"指的是 M2。这是送给女方父母的，当然以钱的形式较为灵活机动。而"富者重礼物，不索钱财"，则无论 M1 或 M2。至于"妆奁"，贫少富多，可谓当然之理。

至于价值，民国《万全县志》这条记载中，富者的礼物不可能少于贫者的钱财。有些礼物其实很值钱。我所知有这么一条例证：民国时一青年，被他同学的母亲看中，想把女儿嫁给他，要他拿四件金首饰作为聘礼。才四件，价值已近两千元。当事人说"这是旧时习俗"[④]。显然清代的情形相去不远。

总之，我认为，做社会史研究，还是应该像古人所强调的那样，读书、明理。这个理，它不全在书上，更重要的是包含在实际生活中。只有先弄明白其背后的理，然后才能去谈其他。

注 释

① 毛立平：《清代嫁妆研究》，1页，北京，中国人民大学出版社，2007。下引该书仅括注页码。

② 这方面，可参考先师谭其骧先生的《中国文化的时代差异和地区差异》一文，载《复旦学报》(社会科学版)，1986(2)，后收入谭其骧：《长水集续编》，171~188页，北京，人民出版社，1994。

③ 曾宝荪、曾纪芬：《曾宝荪回忆录(附崇德老人自订年谱)》，4页，长沙，岳麓书社，1986。

④ 徐国懋：《八五自述》，见中国人民政治协商会议上海市委员会文史资料委员编：《上海文史资料选辑》第72辑，4页，上海，上海市政协文史资料编辑部，1992。

附录二 《小白菜》相关民歌及谣谚分布表

省市	县区	歌名	内容	出处	页码
北京	通县	小白菜	小白菜地里黄，三岁两岁没有娘。跟着爹爹倒挺好，就怕爹爹要后娘。人家吃面我吃汤，端着小碗泪汪汪。亲娘想我一阵风，我想亲娘在心中。	民国《通县志要》	H.B. 30
	顺义	小白菜	小白菜，地里黄，两三岁没有娘。寻了后娘，跟着爹爹好过。有一个弟弟比我强。弟弟上学去念书，我在家里去放猪。弟弟花钱若流水，我要花钱难上难。弟弟吃面我喝汤，端起碗来泪汪汪。桃花开呀杏花落，我想亲娘谁知道。	《中国民间歌曲集成·北京卷》	B.J. 883～884
	昌平	小白菜	小白菜，地里黄，两三岁时没有娘。寻了后娘好过，我跟着爹爹好。寻了后娘三年整，有个弟弟比我强。弟弟上学去念书，我在家里去放猪。弟弟花钱如流水，我想花钱万万难。弟弟上学去念书，我在家里去放猪。弟弟吃面我喝汤，端起碗来想亲娘。我想亲娘娘在中，亲娘想我一阵风。河里开花河里落，谁想亲娘谁难过。想亲娘啊，想亲娘啊。	《中国民间歌曲集成·北京卷》	B.J. 885

省市	县区	歌名	内容	出处	页码
天津	宝坻	小白菜	小白菜，地里黄，七岁八岁没有娘。从小跟着爹爹过，就怕爹爹娶后娘。娶了后娘三年整，有个弟弟想亲娘。弟弟吃面我喝汤，端起饭碗想亲娘。	《中国民间歌曲集成·天津卷》	TJ.380
		蝎子尾	蝎子尾，黄蜂针，最毒毒不过后娘心。（注：继母对前妻子女多半虐待。此种恶习，迄难涤荡。自非普及教育，此风未易改也。）		
河北	晋县	小白菜	小白菜，遍心黄，两三岁上殁了娘。跟着爹爹还好过，就怕爹爹娶后娘。娶了后娘三年整，有了弟弟比你强。后娘做了细条汤，弟弟吃面你喝汤。端起碗来想亲娘，弟弟花钱如流水，你要花钱娘上难。（注：此述继母虐待前妻儿子的情形。）	民国《晋县志料》	HB.93

省市	县区	歌名	内容	出处	页码
河北	高邑	井里开花	井里开花骨朵长，两三岁的孩子没了娘。从小跟着爹爹睡，光怕爹爹要后娘。寻了后娘三年整，生了个孩子叫孟良。吃起饭来拣大碗，孟良吃稠我喝汤。端起碗来泪汪汪，拿起箸来想亲娘。右手拿着三张纸，左手拿着一股香。一走走到娘坟上，叫一声爹、哭一声娘。	民国《高邑县志》	HB.106
		小白鸡	小白鸡，倒钻窝，跟爹睡，爹打我。跟娘睡，娘拧我。自家睡，猫咬我。老天爷，怎么过。略吱儿略吱儿气煞我。		
	无极	小孩子	小孩子，脸子黄，三岁两岁没了娘。自幼跟着爹爹过，恐怕爹爹要后娘。娶了后娘三年整，有个弟弟比我强。他吃肉，我吃汤，拿起筷子泪汪汪。亲娘想我，我想亲娘，亲娘想我一阵风，我想亲娘谁知道。娘在心中，盆里开花盆里落，我想亲娘谁知道。（按：此形容继母待前子之苛。）	民国《无极县志》	HB.119

省市	县区	歌名	内容	出处	页码
河北	万全	一棵白菜	一棵白菜就地黄，三岁小孩没了娘。跟着爹爹还好过，但怕爹爹娶后娘。后娘娶了三年整，生个儿子叫孟良。母亲做的龙须面，孟良吃稠我喝汤。端起碗，泪汪汪，搁下碗，想亲娘。后娘问我"哭什啦？""碗底烧的手心慌。"	民国《万全县志》	HB. 211
	昌黎	可勒鱼	可勒鱼，一夔针，最恶不过后娘心。（谓多虐待前房儿女也。）	民国《昌黎县志》	HB. 235
	卢龙	小兰花	小兰花，小兰花，哭啼啼，想他妈。亲妈死了一年多，后妈叫他去做活。后妈是个恶老婆，不给米吃不给了他亲娘、醒来两眼泪汪汪。（人宜怜惜孤苦孩儿也。）	民国《卢龙县志》	HB. 238
		天上星星	天上星星颗颗黄，小小闺女没多娘。有多有娘是活宝，没有多娘一根草。屋里梳头嫂也打，厨房洗验嫂也骂。奉劝嫂子平平气，过儿年我就要出嫁。（意义同前。）		

省市	县区	歌名	内容	出处	页码
河北	香河	棉花钟	棉花钟，两头大，提起后娘谁不怕。进门儿女遭了殃，越来越被谁折磨煞。可怜阿爹眼也瞎，不敢大声说句话。（讽不慈。）	民国《香河县志》	HB.287
	霸县	三岁小孩	三岁小孩没有娘。恐怕爹爹娶后娘。娶了后娘三年整，生下个孩子叫孟良。孟良吃面我喝［喝］汤，端起碗来泪汪汪。后娘问我哭什么，我说碗底烫的慌。	民国《霸县新志》	HB.291
	完县	小白菜	小白菜，叶儿黄，两三岁时没了娘。亲娘死了不好受，更怕爹爹娶后娘。娶了后娘三年半，有个弟弟比我强。弟弟穿的绸罗缎，我却穿着粗布裳。弟弟吃的钱都没有。弟弟吃饭我喝汤。弟弟花钱流水流，我要花落都知道。亲娘想我一阵风，我想亲娘在梦中。亲娘娘想我泪花开，杏花落，家庭惨变，一至于斯。复诵此歌，不胜酸楚。（甫离襁褓，遭逢厄运，家庭惨变，一至于斯。复诵此歌，不胜酸楚。）	民国《完县新志》	HB.355

省市	县区	歌名	内容	出处	页码
河北	柏乡	小白菜	小白菜,心里黄,七八岁上没了娘。跟着爹爹还觉好,光怕爹爹娶后娘。娶了个后娘三年整,生了弟弟比俺强。弟弟吃面俺喝汤,端起碗来泪汪汪。放下碗来想亲娘,弟弟南校去念书,叫俺家里去放猪。弟弟穿的绫罗缎,叫俺穿着破烂衫。	《中国民间歌谣谚语集成·河北柏乡分卷》	BX.381
河北	丰宁	小白菜	小白菜,叶叶黄,三岁小孩没了娘。有心跟着爹爹过,又怕爹爹娶后娘。娶了后娘三年整,生个弟弟比我强。他吃大米干饭泡肉汤,我吃小米干饭泡米汤。弟弟六岁把学上,我在山上放牛羊。端起碗来泪汪汪,拿起筷来想亲娘。想我一阵风,我想亲娘在梦中。白天听到蝈蝈叫,夜晚听见山水响。有心跟着山水去,一去不回头。	《中国民间文学集成·丰宁民间故事歌谣卷》	FEN.343～344

省市区	县区	歌名	内容	出处	页码
河北	抚宁	小兰花	小兰花，小兰花，哭哭啼啼想他妈。亲妈死了一年多，后妈叫她去做话。后妈是个恶老婆，不给吃来不给喝。白天给点残剩饭，夜晚睡在猪狗窝。睡梦见了她亲娘，醒来两眼泪汪汪。	《中国民间文学集成·抚宁民间歌谣谚语卷》	FUN. 101～102
	抚宁	小白菜	小白菜，地里黄，两三岁就没有娘。有心跟着爹爹多，又怕爹爹娶后娘。娶了后娘三年整，生个弟弟比我强。弟弟吃面我喝汤，想起亲娘痛断肠，端起饭碗泪汪汪。我哭什么？我说碗底凉手实难撑。	《中国民间文学集成·抚宁民间歌谣谚语卷》	FUN. 103
	沙河	白菜叶儿就地黄	白菜叶儿，就地黄，三生四岁没了娘。跟着爹爹整，想了后娘。有心想爹娶后娘，就怕爹爹寻后娘。端起碗儿泪汪汪。摆下灵台。摆下碗了任稠的俺喝汤。亲娘死了住那儿里？十亩地搭灵台。牛脚管子填起来。亲娘死了催烧纸？我烧纸？我烧纸。刨住管儿屙泡尿。后娘死了念啥经？十八个和尚来叮叮。后娘死了念啥经？十八个苍蝇来哼哼。	《中国民间文学集成·沙河民间故事歌谣谚语卷》	SH. 298

省市	县区	歌名	内容	出处	页码
河北	滦平	哭五更	一更黑了天，姑娘泪不干。亲娘下世早，命苦如黄连。继母常拷打，家法重如山。一天没吃饭，饥饿对谁言。靠床睡着了，又遍去纺棉。一夜纺四两，天明要纺完。二更鼓儿响，大儿乱慌慌。惊醒小保庆，姐姐泪汪汪。亲娘活在世，你是孩子王。如今世上人，都比你我强。三更半夜天，越哭越心酸。数九寒天冷，衣服薄又单。十冬腊月冻呀冻死咱。冻死我自己，命里该然；冻死门弟兄俩，小命真可怜。四更鼓儿发，继母转回家。继母门外，线还没纺完，连拧带着看，推到屋里来。活把人冻煞，有心进屋去，又怕继母打。滴水冻成冰，雪里战战兢兢。躺在房门外，小命归阴城。五更冻掉耳，继母把门开，连叫不应声，把她脸吓白。骂声小冤家，你怎不起来。弟弟把眼睁，打亲骂生。继母把他哄：自从到你家，带儿如亲爱。对外人别诉。	《中国民间文学集成·承德地区歌谣卷》	CD.200～201

省市	县区	歌名	内容	出处	页码
河北	平泉	后老婆打孩子	光绪坐龙廷，福如水长流，四海民安乐，五谷根苗收。有一件新闻出在宁远州，离城四十里、地名刘家沟，夫妻多和美。同康都属牛。此人姓周名叫周振楼。此人好行善，补路把桥修。修下儿一个、一个女姣流。学生才一岁，姑娘刚三秋。学生叫宝庆，姑娘叫宝秋。他母归下世去，一命归地府，宝庆心悲痛，他女日夜哭。好一个周振楼，为儿说继母。继母名习氏，人称母老虎。要说凶狠劲，敢比蝎子毒。一见儿和女、两眼血盆平乎，过来抒一把、过去踢一足，不让女穿足，一天打三顿，不让儿吃饭，可怜小姐俩，尝遍人间苦。左邻和右舍，气得直跺足，可根后婆娘，身上有五毒，唐儿没有好下场，世人骂不休。	《中国民间文学集成·承德地区歌谣卷》	CD.202
隆化		小白菜	小白菜，叶叶黄，三岁两岁没了娘，有心跟着爹爹过，又怕爹爹娶后娘。娶了后娘三年整，生个弟弟比我强。弟弟吃干我喝稀，弟弟吃面我喝汤，弟弟上学把书念，我在南山放牛羊。白天听着蝈蝈叫，夜晚听着山水响。有心跟着山水去，又怕山水不回乡。	《中国民间文学集成·承德地区歌谣卷》	CD.202～203

省市	县区	歌名	内容	出处	页码
河北	承德	小白菜	小白菜,叶儿黄,两三岁上没了娘。有心跟着爹爹过,又怕爹爹娶后娘。后娘来了要一个丑儿郎。丑儿郎,比我强,他吃面来我喝汤。端起汤碗想亲娘,不由两眼泪汪汪。后娘问我为啥哭?我说汤热烫得慌。丑儿郎,比我强,他穿绫罗与绸缎,我穿粗布破衣裳。破衣裳,人躲到旮旯藏。后娘问我为什么?我说老爷儿晒得慌。丑儿郎,比我强,他在学堂把书念,我到山坡去放羊。大羊咩咩唤小羊,我坐山坡想亲娘。哭哭一场。哭得小河直回头。哭得风儿收翅膀,哭得像山桃。泪云儿低低沉沉。哭得像山桃,泪珠挂满腮帮帮。抱棍磨面在磨坊。丑儿郎,比我强,他睡在暖屋热炕上。我说蜂儿热炕上,我眼睡满腮睡眼睡眼。丑儿郎,比我强,后娘问我咋同样都是爹娘养,咋个待承不一样?拾起头来问星星,星星眨眼不开腔。低头问问大石磨,石磨嗡嗡不愿讲。有心问街坊,街坊梦正香。有心问爹爹,爹爹伴后娘。我去问谁呀?谁能帮我想一想?只好偷偷哭一场。	《中国民间文学集成·河北卷·承德市歌谣分卷》	CDS.260～261

省市区	县区	歌名	内容	出处	页码
河北	冀中	小白菜	小白菜呀，地里黄呀，三两岁呀，没了娘呀。亲娘呀，亲娘呀！跟着爹爹，还好过呀，只怕爹爹，娶后娘。娶了后娘，三年半呀，生个弟弟，比我强。弟弟弟弟，穿穿衣，绫罗绸呀，我要穿衣，粗布衣呀。亲娘呀，亲娘呀，弟弟吃面，我喝汤呀，端起碗来，泪汪汪呀。亲娘呀，想我，谁知道呀，我想亲娘，任梦中呀。杏花落呀，想起亲娘，一阵风呀。桃花开	《中国民间歌曲集成·河北卷》	HBJ.1244
	冀西	小白菜	小白菜呀，叶叶黄呀，三岁的孩儿没了娘呀。	《中国民间歌曲集成·河北卷》	HBJ.1245
	柏乡	小白菜	小白菜来心里黄，三岁两岁没了娘。	《中国民间歌曲集成·河北卷》	HBJ.1245
		没娘的孩子	没娘的孩子真可怜，黑夜白天泪不干。	《中国民间歌曲集成·河北卷》	HBJ.1246

省市	县区	歌名	内容	出处	页码
河北	赞皇	小白菜	小白菜，四腰黄，三岁两岁了娘。从小跟着亲爹睡，又怕亲爹寻后娘。说着说着寻了个小小叫孟祥。白天给他洗尿布，夜晚给他熬米汤。熬下米米汤不让我用，撒给了一碗黄菜汤。端起碗来泪汪汪，拿起箸来想亲娘。急忙忙跑在娘坟上。娘啊娘啊你怎么想？泪珠滴在花鞋上，鼻子甩在花针上。	《中国民间歌曲集成·河北卷》	HBJ.1246
河南	密县	小白菜	小白菜，就地黄，三生四岁没了娘。跟着爹爹还好过，只怕爹爹娶后娘。娶了后娘三年整，生个弟弟比咱强。弟弟吃肉咱喝汤，弟弟吃的细米面，咱呀吃的柿糠面。弟弟穿的绫罗缎，咱呀穿的麻包片。	《中国民间故事集成,中国歌谣集成,中国谚语集成·河南密县卷》	MX.224
	滑县	小白菜	小白菜，心里黄，三生四岁死了娘。我跟俺爹过着好时光。俺爹一心一意聚后娘，生下一个小小郎。成人没有一年整，儿郎喝稠我喝汤，儿郎吃面我喝稀。儿那穿绸和缎，我就穿那粗衣裳。狗咬弯腰免怕枪，没娘的孩子怕后娘。	《中国歌谣、谚语集成·河南滑县卷》	HX.52~53

省市	县区	歌名	内容	出处	页码
河南	汤阴	怕后娘	小菠菜·就地黄·三生（儿）四岁没了娘。跟着爹爹还好过，就怕爹爹娶后娘。弟弟比俺强，领个弟弟吃俺汤。弟弟喝汤俺喝汤，端起饭碗泪汪汪。后娘问俺哭啥哩？饭热烫手心里慌。	《中国民间歌谣集成·河南汤阴卷》	TY.28~29
	内黄	小白菜心里黄	小白菜罗心里黄呀。三生儿四岁死亲娘哟。跟着三爹爹过时光哟，爹爹一心娶后娘哟。娶了后娘三年整哟，生个弟弟比俺强。弟弟穿的破布衫哟，我要花钱娘不让啊。弟弟花钱如流水哟，我要花钱娘不让啊。弟弟天冷暖暖炕哟，叫我睡觉的凉床哟。弟弟上学把书念哟，叫我打柴把山上。打柴回家把饭做哟，弟弟喝稠我喝汤呀。端起碗来泪汪汪呀，后娘回家把筷子想呀，拿起筷子打巴掌呀。越思越想心越慌呀，后娘死后才算帐［账］吧。亲娘死后穿的绫罗缎哟，后娘死后给她穿破衣裳呀。亲娘死死时穿的绫罗缎哟，亲娘死死时穿的	《中国歌谣集成·河南内黄县卷》	N.H. 212~214

省市	县区	歌名	内容	出处	页码
河 南	内黄	小白菜心里黄	花绣鞋呀，后娘死给她穿破烂鞋呀。亲娘死时系的丝绸带哟，后娘死时给她系高粱[梁]叶呀。亲娘死时写了十二个经呀，后娘死让老鹰乱嘀嘀呀。亲娘坟上长个瓜哟，过来过去光想瓜呀。亲娘坟上扣个碗呀，过来过去光想哭呀。后娘坟上长个麻呀，过来过去光想拨[拔]啊。	《中国歌谣集成·河南内黄县卷》	NH.212~214
	林县	小白菜	小白菜，满地黄。三岁四岁死了娘。端起碗来泪汪汪，拿起筷子想亲娘。后娘问我哭啥哩？"碗底谩得疼的仿。"	《林县民间歌谣、谚语集成》	LX.52
	长葛	小白菜	小白菜，遍地黄。三生四岁离了娘。过，怕爹给俺娶后娘。娶了后娘三年整，生个弟弟比俺强。弟弟穿着绫罗缎，叫俺穿的破衣裳。弟弟吃的白米饭，让俺喝的稀米汤。端起碗来想亲娘，哎呀哎呀——哭一场。	《中国民间歌谣集成、中国民间谚语集成·河南省许昌市长葛县卷》	CG.61~62

省市	县区	歌名	内容	出处	页码
河南	卢氏	小白菜儿	小白菜儿，就地黄。一岁两岁没了娘。爹爹带我也罢了，心想给我娶后娘。后娘生个小妹妹，我强小妹吃肉我闻香。小妹吃面我喝汤。端上碗，泪汪汪，清早起来想亲娘。亲娘不好吃啥饭？一碗捞面一碗汤。后娘怎好吃饭？一碗捞汁一碗糠。亲娘坟上长苗谷，过来过去我老想哭。后娘坟上长苗蒿，过来过去我用尿浇！	《中国民间文学三套集成·河南卢氏县卷》	L.S. 380~381
	确山	后娘打我真可怜	小黑妮，坐暖盘，后娘打我真可怜。白印儿叫我拾柴火，黑了叫我摸菱角。菱角扎着我，哎哟哟痛死我。哎哟鸡叫我，给鸡睡，鸡叫我，狗咬我。给狗睡，怪暖和，给猪睡，娃娃卖了看咋过。	《中国民间歌谣集成·河南确山县卷》	QS. 164
		小白菜	小白菜啊地里黄。三生四岁没有娘。弟弟生个弟弟比我强。弟弟穿的绫罗缎，我穿的是粗衣裳。弟弟在家把牛放。弟弟吃的白米饭，我吃的是粗麦糠。娶个晚娘三年整。我爹把上我在家里想起娘。	《中国民间歌谣集成·河南确山县卷》	QS. 165

省市	县区	歌名	内容	出处	页码
河南	确山	小白菜	来泪汪汪，端起碗来泪水长。晚娘想我为啥哭，我说碗底有点烫。娘想我来一阵风，我想娘来在梦中。	《中国民间歌谣集成·河南确山县卷》	QS. 165
		就怕俺爹娶后娘	菠菜叶，溜地黄，人家有娘俺没娘。跟着俺爹还好受，就怕俺爹娶后娘。孟良孩子叫孟良。后娘来了三月整，有个好吃我吃馍，大米干饭撑得慌！叫俺合着喝汤，孟良吃啥喝汤，俺碗合着喝汤，大米干饭撑得慌！亲娘死了烧好香，后娘死了烧彬彬。	《中国民间歌谣集成·河南确山县卷》	QS. 165
	孟县	菠菜根	菠菜根，就地黄，人家有娘我没娘。爹爹给我娶新娘，新娘抱个小弟弟、弟弟吃稠我喝汤，喝过汤，端起碗儿泪汪汪。（《菠菜根》一章七句，警后母也。）	民国《孟县志》	ZN. 95

省市	县区	歌名	内容	出处	页码
河南	安阳	秧秧菜	（刺继母也）跟着（着）爹爹还好过，就怕爹爹娶了后娘。娶了后娘三年整，领了弟弟比我强。弟弟吃稠我喝汤，端起饭碗泪汪汪；弟弟花钱流水般，我想花钱花钱难。上难；弟弟上学去念书，我到野外去放猪。（刺继母也）跟着秧菜，就地黄，三岁孩儿没有娘。	民国《续安阳县志》	ZN. 104～105
	淮阳	小白鸡	小白鸡，撺草垛，没娘的孩子这怎着。跟爹睡，爹想摸。想吃馍，猫咬我。自己睡，娘踢我。打我，跟娘睡，娘踢我，呱呱气死我。（此首描写幼儿失去亲母的痛苦情形。）	民国《淮阳乡村风土记》	ZN. 153
	淮阳	小白菜	小白菜，满地黄，孩打烧饼想亲娘。后娘来了三年整，养个弟弟比我强；他吃汤，我吃菜，啼想想亲娘。（此首意义又与上首同。）	民国《淮阳乡村风土记》	ZN. 154
	禹县	芝麻叶	芝麻叶，黄腆腆，有后娘就有后爹。（戒昵后妇也。）	民国《禹县志》	ZN. 201
	禹县	娘炒麻子	可懊可懊，娘炒麻子谁知道。（伤后母也。）	民国《禹县志》	ZN. 201

省市	县区	歌名	内容	出处	页码
山东	郓城	小白菜	小白菜，满地长，三岁小孩离了娘。跟着爹爹还好过，就怕爹爹娶晚娘。娶了晚娘三年整，兄弟还吃面我喝汤。拿起筷子想亲娘，端起碗底泪得慌。爹爹面我哭啥来，我说碗底烫得慌。	《中国民间文学集成·郓城县民间歌谣谚语卷》	HC.58
	夏津	小白菜	小白菜，地溜黄，八岁的孩子死了亲娘。好好跟着爹爹过，又怕爹爹娶后娘。后娘吃面我喝汤，有心不喝馋养个弟弟比我强。弟弟吃饭我泪汪汪，端起碗来泪汪汪，哭哭啼啼想亲娘。	民国《夏津县志续编》	HD.143
黑龙江	林甸	小白菜叶儿黄	小白菜呀，叶儿黄呀，三岁两岁没有娘啊。爹爹拉着孩子过呀，不知爹爹娶后娘啊。娶了后娘三年整，生了弟弟比我强。弟弟穿着绫罗缎，咱就粗布破衣裳。弟弟喝粥俺喝汤，端起碗来泪汪汪。放下碗来想亲娘，又怕爹爹说后娘。大米干饭鲜鱼汤，爹爹狠心把门带。我在门外想亲娘，我想亲娘哭一场。	《中国民间歌曲集成·黑龙江卷》	HLJ.465
陕西	延长	小白菜	小白菜，心心黄，三岁上，离了娘。跟着爹爹还好过，就怕爹爹娶后娘。	《中国民间歌曲集成·陕西卷》	SX.609

表中代码说明

BJ：《中国民间歌曲集成》全国编辑委员会、《中国民间歌曲集成》北京卷编辑委员会编：《中国民间歌曲集成·北京卷》，北京，中国 ISBN 中心，1994。

BX：柏乡县三套集成编委会编：《中国民间故事歌谣谚语集成·河北柏乡分卷》，内部资料，1987。

CDS：承德市民间文学三套集成编辑部编：《中国民间文学集成河北卷·承德市歌谣分卷》，内部资料，1988。

CD：承德地区民间文学三套集成编委会编：《中国民间文学集成·承德地区歌谣卷》，内部资料，1988。

CG：长葛县民间文学三套集成编委会编：《中国民间歌谣集成、中国民间谚语集成·河南省许昌市长葛县卷》，内部资料，1990。

FEN：丰宁满族自治县三套集成编委会编：《中国民间文学集成·丰宁民间故事歌谣卷》第二卷，内部资料，1988。

FUN：秦皇岛市抚宁县三套集成办公室：《中国民间文学集成·抚宁民间歌谣谚语卷》，内部资料，1987。

HB：丁世良、赵放主编：《中国地方志民俗资料汇编·华北卷》，北京，书目文献出版社，1989。

HBJ：《中国民间歌曲集成》全国编辑委员会、《中国民间歌曲集成·河北卷》编辑委员会编：《中国民间歌曲集成·河北卷》，北京，中国 ISBN 中心，1995。

HC：山东省郓城县民间文学三套集成办公室编：《中国民间文学集成·郓城县民间歌谣谚语卷》，内部资料，1988。

HD：丁世良、赵放主编：《中国地方志民俗资料汇编·华东卷》，北京，书目文献出版社，1995。

HLJ：《中国民间歌曲集成》全国编辑委员会、《中国民间歌曲集成·黑龙江卷》编辑委员会编：《中国民间歌曲集成·黑龙江卷》，北京，中国

ISBN 中心，1997。

　　HX：中国民间文学集成河南滑县卷编委会编：《中国歌谣谚语集成·河南滑县卷》，内部资料，1990。

　　LS：杜玉峰主编：《中国民间文学三套集成·河南卢氏县卷》，内部资料，1989。

　　LX：郝卫平主编：《林县民间歌谣、谚语集成(中国民间歌谣集成、中国民间谚语集成·河南林县卷)》，内部资料，1987。

　　MX：密县民间文学集成编委会编：《中国民间故事集成、中国歌谣集成、中国谚语集成·河南省密县卷》，内部资料，1990。

　　NH：内黄县民间文学集成编委会编：《中国歌谣集成·河南内黄县卷》，内部资料，1990。

　　QS：中国民间文学集成确山县卷编辑委员会编：《中国民间歌谣集成·河南确山县卷》，内部资料，1990。

　　SH：侯正儒主编：《中国民间文学集成·沙河故事歌谣谚语卷》，内部资料，1987。

　　SX：《中国民间歌曲集成》全国编辑委员会、《中国民间歌曲集成·陕西卷》编辑委员会编：《中国民间歌曲集成·陕西卷》，北京，中国 ISBN 中心，1994。

　　TJ：《中国民间歌曲集成》全国编辑委员会、《中国民间歌曲集成·天津卷》编辑委员会编：《中国民间歌曲集成·天津卷》，北京，中国 ISBN 中心，2004。

　　TY：汤阴县民间文学集成编委会：《中国民间歌谣、谚语集成·河南汤阴卷》，内部资料，1987。

　　ZN：丁世良、赵放主编：《中国地方志民俗资料汇编·中南卷》，北京，北京图书馆出版社，1991。

图书在版编目(CIP)数据

女性与亲情文化：基于湘东南"讨鼓旗"的研究 / 张伟然著. —北京：北京师范大学出版社，2020.11 （历史人类学小丛书）

ISBN 978-7-303-26358-5

Ⅰ.①女… Ⅱ.①张… Ⅲ.①葬俗－研究－湖南 Ⅳ.①K892.22

中国版本图书馆 CIP 数据核字(2020)第 178467 号

| 营 销 中 心 电 话 北京师范大学出版社 主题出版与重大项目策划部 | 010-58805385 http://xueda.bnup.com |

NVXING YU QINQING WENHUA

出版发行：北京师范大学出版社　www.bnup.com
　　　　　北京市西城区新街口外大街 12-3 号
　　　　　邮政编码：100088
印　　刷：北京盛通印刷股份有限公司
经　　销：全国新华书店
开　　本：890 mm×1240 mm　1/32
印　　张：7.25
字　　数：93 千字
版　　次：2020 年 11 月第 1 版
印　　次：2020 年 11 月第 1 次印刷
定　　价：49.00 元

策划编辑：宋旭景	责任编辑：岳　蕾
美术编辑：王齐云	装帧设计：王齐云
责任校对：包冀萌	责任印制：陈　涛